文部科学省後援

実用フランス語技能検定試験

仏検公式ガイドブック
セレクション
準2級

フランス語教育振興協会編

公益財団法人　フランス語教育振興協会

音声アプリのご利用方法

付属 CD と同じ内容の音声がアプリでお聞きいただけます。

▼

①

パソコン・スマートフォンの QR コード読み取りアプリから下記 URL にアクセスするか、ブラウザから下記 URL を入力し、アクセスします。

https://audiobook.jp/exchange/surugadai

※上記以外の URL からアクセスされますと、音声をご利用いただけません。

▼

②

表示されたページから、audiobook.jp への会員登録ページに進みます。

※音声のダウンロードには、audiobook.jp への会員登録（無料）が必要です。

▼

③

登録後、①のページに再度アクセスし、シリアルコードの入力欄に

90297

を入力して「送信」をクリックします。

▼

④

「ライブラリに追加」のボタンをクリックします。

▼

⑤

スマートフォンの場合はアプリ「audiobook.jp」をインストールしてご利用ください。
パソコンの場合は、「ライブラリ」から音声ファイルをダウンロードしてご利用ください。

ご注意

- ダウンロードには、audiobook.jp への会員登録（無料）が必要です。
- PC からでも、iPhone や Android のスマートフォンからでも音声を再生いただけます。
- 音声は何度でもダウンロード・再生いただくことができます。
- 上記以外の URL からアクセスされますと、音声をご利用いただけません。URL の入力間違いにご注意ください。
-

ダウンロードについてのお問い合わせ：info@febe.jp（受付時間：平日の 10～20 時）

まえがき

グローバル化が進む現在、世界から孤立せず、世界と対話し、平和で豊かな未来を切り拓くためにも、日本の多くの方々が、さまざまな外国語をマスターすることは、とても大切だと思います。世界には本当に多くの言語・文化が存在しており、お互いを尊重しながら共生を目指すことが要請されているのですから、英語一辺倒の方針では限界があるのは明らかです。

フランス語は、フランスだけでなく、多数の国々や地域で話され、また、国連をはじめとする国際機関で使われている重要な公用語のひとつです。たとえばオリンピック・パラリンピックの第一公用語はフランス語で、開会式では、開催国の言語のほかフランス語と英語で出場国が紹介されますが、その際最初に流れるのはフランス語です。フランス語をマスターしてアフリカ諸国で国際協力、援助活動に従事している人は少なくありませんし、ビジネスの世界でも、フランスの企業が次々に日本に進出してくる一方、日本の企業もフランス語圏に広く展開しています。いまや英語はできてあたりまえとされるビジネスの世界にあって、さらにフランス語も使いこなせるとなれば、チャンスがさらに広がりますし、文化やファッションの世界でのフランスの存在感はいうまでもなく、自分の人生をより豊かに生きる道にもつながっています。

本書は2013年度から毎年刊行されている『仏検公式ガイドブック』の別冊として、各級のこれまでの実施問題に詳細な解説をほどこしたものです。APEF（フランス語教育振興協会）が実施する「仏検」は、フランス語を「読む」「書く」「聞く」「話す」という4つの技能を総合的に判定する技能検定試験で、準2級で試されているのは、基本文法の全般的な知識に加え、4技能すべてについて、日常生活でよく用いられる平易な語句や表現を中心とした運用能力が身についているかどうかです。試験の合格を目指して準備することが、そのまま実践的なフランス語運用能力の基礎を作ることになりますので、本書を十分に役立ててくださることを期待します。

なお、本書の監修は海老根龍介が担当しています。

公益財団法人　フランス語教育振興協会

目　次

準２級の内容と程度

● 準２級のレベル

日常生活における平易なフランス語を、読み、書き、聞き、話すことができる。ヨーロッパ言語共通参照枠（CEFR）のA2にほぼ対応しています。
標準学習時間：300時間以上

読　む：一般的な内容で、ある程度の長さの平易なフランス語の文章を理解できる。

書　く：日常生活における平易な文や語句を正しく書ける。

聞　く：日常的な平易な会話を理解できる。

話　す：簡単な応答ができる。

文法知識：基本的文法事項全般についての十分な知識。

語彙：約2,300語

● 試験形式

1次試験 / 100点満点

筆記試験	問題数7問、配点70点、マークシート方式、一部記述式。（75分）
書き取り試験	問題数1問、配点12点。（下記聞き取りと合わせて約25分）
聞き取り試験	問題数2問、配点18点。語記入、マークシート方式。

2次試験 / 30点満点

個人面接試験	提示された文章を音読し、その文章とイラストについての簡単なフランス語の質問にフランス語で答える。（約5分）

1次試験

１次試験の概要

2006年度に新設された準２級も15年近くを経ました。試験の程度は、「日常生活における平易なフランス語を、読み、書き、聞き、話すことができる」に設定されており、300時間程度フランス語を学習した受験者を想定しています。3級は、一通りフランス語の基本的事項を修得した受験者を対象にした試験ですが、準２級では、基本的事項を確実に身につけ、それを日常レベルで応用できるとともに、基本的知識からもう一歩進んだフランス語力を備えていることが求められます。

準２級の１次試験（100点満点）は、筆記試験と書き取り・聞き取り試験を合わせ、以下の10の大問から構成されています。

筆記試験（70点満点）

1 前置詞／選択
2 常用表現／記述
3 動詞の選択と活用／記述
4 代名詞／選択
5 文章の完成／選択
6 内容一致／選択
7 会話の完成／選択

書き取り・聞き取り試験（30点満点）

書き取り
聞き取り1 部分書き取り／記述
聞き取り2 内容一致／選択

準２級は、２級と３級の間にありますが、レベル的には３級のほうにやや近いと言えるでしょう。「一般的なフランス語を、読み、書き、聞き、話すことができる」ことを要求される２級は、実用フランス語としてはかなりのレベルです。準２級は、基本的なフランス語力を基盤として、日常レベルで、ある程度実用性のあるフランス語力を身につけつつある学習者のための試験です。大学などでフランス語関連分野を専攻している人にとっては 2 年次での目標となるでしょうし、大学で第 2 外国語として学習している人や仕事をしながら外国語学校で学んでいる人にとっては、日常生活で実際に役に立つレベルのフランス語を身につけたことを証明する試験となるでしょう。

出題の範囲ですが、文法的にはフランス語の基本文法全般を理解していることが求められます。語彙は、2,300 語に設定されています。具体的な学習の目安としては、日本で広く使用されている学習辞典（『クラウン仏和辞典』、『Le Dico ディコ仏和辞典』、『プチ・ロワイヤル仏和辞典』、『プログレッシブ仏和辞典』、『ジュネス仏和辞典』など）でアステリスクが 2 つ以上ついている語とその派生語は出題範囲の語だと思ってください。

さて、以上をふまえて受験対策ですが、まず、文法知識としては、基本文法書あるいは参考書をマスターすることが基盤となります。準 2 級から本格化する長文問題については、適切な教材が充実しているとは言えないのが現状です。フランスの新聞や週刊誌、インターネットの記事などは、一般に語彙や表現の点で準 2 級のレベルを超えています。準 2 級で出題されるのは、これらの記事の難度を下げて平易にしたレベルの文章です。現時点では、過去に出題された長文問題に取り組み、その解説を読むことがよい練習になるでしょう。書き取り・聞き取り試験対策としては、なんといっても数多くフランス語の文章を聞くことです。インターネットでフランス語のラジオをリアルタイムで聞くことができますし、フランスの放送局 TV5 の放送が日本でも日常的に見られるようになっています。フランス語学校などに通学する機会のない勤労者や地方都市在住者にとって、メディアの利用は大変有効です。

準 2 級からは、記述式問題がふえます。選択式の問題とちがって記述式の問題では、当然ながら、正確に単語が書けなければ得点できません。日ごろから、アクサン記号の有無、アクサン記号の種類をふくめ、語を正確につづることを心がけましょう。準 2 級にかぎらず、仏検全般にわたって、記述式問題の得点率は、選択式問題の得点率を大きく下まわっています。3 級とくらべて、記述式問題の比重が次第に増していく準 2 級以上の級では、記述式問題の得点が合否を左右すると言っても過言ではありません。

それでは、以下、過去に出題された問題によって、正解にいたる道を具体的に解説していきます。まず、試験本番のつもりで、例示された問題を解き、そのあと、解説にしたがって解答プロセスを確認してください。

１次試験配点表

筆記試験	1	2	3	4	5	6	7	小計	書き取り	小計	聞き取り	1	2	小計	計
	8点	10	10	10	10	12	10	70		12		8	10	18	100

筆記試験

1

提示されたフランス語文の（　　）内に入れるのにもっとも適切な前置詞を、下にあたえられた選択肢のなかから選ぶ問題です。選択式問題で、問題数 4、選択肢数 6、配点は各問 2 点、合計 8 点です。

フランス語の前置詞の数は、それほど多くありません。準 2 級では、à、après、avant、avec、chez、contre、dans、de、depuis、derrière、devant、en、entre、malgré、par、pendant、pour、sans、sauf、sous、sur、vers など、よく使われる 20 ほどの前置詞の基本的な用法が出題されます。前置詞はその名のとおり、おもに名詞の前に置かれる語ですから、次にくる名詞と結合して、場所、時間、手段などを示す基本的機能を問う問題が出題されます。このような場合、意味のつながりでどの前置詞が適切か判断するわけですが、前置詞と名詞の間に冠詞がくるかどうかを知っていると判断の助けになります。たとえば、場所を表わす表現の場合、dans un train、dans le train のように、dans のあとには冠詞がくるのがふつうですが、en のあとには冠詞は入らず、en train となります。

前置詞はまた、しばしば動詞と結合して、いわばセットで機能します。téléphoner à「～に電話する」、〈permettre à ＋人 de ＋不定詞〉「〔人〕が～することを許す」のような例です。前置詞は表現の幅もひろげます。parler を例にとりましょう。parler は「話す」という意味ですが、parler à「～に話す」、parler avec「～と話す」、parler de「～について話す」というふうに、組み合わせる前置詞によって意味がことなります。こうした問題の対策としては、動詞はしばしば特定の前置詞と結合して機能する、ということを念頭に置いて、辞書で動詞の用法を調べるときに、この動詞のあとにはどんな前置詞がくるのかな、と予想しながら用例を見ることが有効です。文中で出会ったときも、動詞単独の意味だけでなく、前置詞などほかの語と組み合わせた用法も記憶しておくとよいでしょう。

前置詞はさらに、熟語的な前置詞句を作ります。たとえば、à côté de「～の横に」、près de「～の近くに」などがあります。また前置詞はほかの品詞と組み合わされて、動詞句、副詞句などを作ります。se marier avec「～と結婚する」、passer pour「～とみなされている」、de temps en temps「ときどき」、à la fois「同時に」など、数多くありますが、これらの多くは熟語的表現なので、それをそのままの形で知っているかどうかが解答の正否を分けます。仏検では、これら熟語的表現にかたよらない出題をしていますので、英語のイディオムを暗記するというような受験対策をする必要はありませんが、各級の標準学習時間に相応した熟語知識をもつことは必要です。

このように、前置詞は、数は少ないのに出現頻度は高いので、ひとつの前置詞がいろいろな意味・用法で使われます。仏検でも、前置詞問題は5級から1級までの全級で出題されています。代表的な前置詞であるàやdeを辞書でひくと、30ほどの項目に分けて用例が解説されています。しかし、それらの用法をすべて覚えなければならないと考える必要はありません。検定試験では、各級の内容と程度に示されている標準学習時間を考慮した範囲内で出題されます。過去問をしっかり学習すれば、準２級のおおよその出題範囲はわかるはずです。

選択肢の組み合わせの関係で、もれてしまった基本的な前置詞あるいは用法がありますので、あげておきます。Sur la neige, elle marche (avec) difficulté.「雪上では、彼女は歩くのが困難だ」(13春)。Il est allé au travail (malgré) la fièvre.「彼は熱があるにもかかわらず仕事に行った」(13秋)。Tu sors (sans) parapluie sous cette pluie ?「この雨のなかを傘なしで出かけるの？」(14春) (Selon) la journaliste, il y a eu un accident dans ce quartier.「ジャーナリストによれば、このあたりで事故が起きたそうだ」(14春)。On voit la mer (depuis) ma chambre.「私の部屋から海が見えます」(09秋)。Il ne fait plus de ski (depuis) son accident.「彼は事故にあって以来スキーをしていない」(15春)。Au concours de piano, Alain a fini deuxième (derrière) Sylvie.「ピアノのコンクールで、AlainはSylvieに次いで２位だった」(15秋)。Il a reconnu son vieil ami (parmi) nos invités.「彼は私たちが招待した客人たちのなかに昔の友人がいるのに気づいた」(17春)。L'économie de ce pays est (hors) de danger.「その国の経済は危機を脱した」(17春)。Henri va à l'école en bus (sauf) le lundi.「アンリは月曜日以外はバスで学校に行く」(18春)。このほかにも、après avoir travaillé「働いたあと」のような〈après＋完了不定詞〉を使

った問題が出されていますので、辞書の用例を見て確認しておいてください。

練習問題 1

次の(1)～(4)の（　　）内に入れるのに最も適切なものを、下の①～⑥のなかから1つずつ選び、解答欄のその番号にマークしてください。ただし、同じものを複数回用いることはできません。なお、①～⑥では、文頭にくるものも小文字にしてあります。

(1) Elle porte une baguette (　　　) le bras.

(2) Il passera nous voir (　　　) la journée.

(3) Je ne me souviens plus (　　　) cette fille.

(4) Les arbres sont (　　　) fleurs dans le parc.

① dans　② de　③ en
④ entre　⑤ par　⑥ sous

（14秋）

解説 **(1)** Elle porte une baguette (sous) le bras.「彼女はバゲットを小脇にかかえている」。porter ... sous le brasは、直訳すると「～を腕の下にかかえている」となりますが、これは日本語の「～を小脇にかかえている」に相当します。⑤を入れてpar le brasとした方もいるかもしれません。たしかにpar le brasという表現はフランス語にありますが、Elle m'a saisi (par) le bras.「彼女は私の腕をつかんだ」（18春）のように、これは特定の動詞と結びついて、直接目的補語で示されている人の部分を表わす用法です。ほかに似たような表現として、porter ... sur le dos「～を背負っている」があります。またsousについては、passer sous la fenêtre「窓の下を通り過ぎる」や、marcher sous la pluie「雨のなかを歩く」などの用例を覚えておくとよいでしょう。

(2) Il passera nous voir (dans) la journée.「彼は昼間のうちに、私たちに会

いにきます」。この dans は「～の間に」を意味します。このように dans には、空間の表現だけでなく、時間の表現としても、ある範囲内にあることを表わす用法があります。幅ひろい時間帯として「午前中に」と言いたい場合には、le matin「朝に」よりも dans la matinée を使いますし（18 春）、dans l'après-midi「午後に」、dans ma jeunesse「私が若かったころに」なども同じ用法です。ただし、同じ時間の表現でも、dans trois jours「3 日後に」、dans un mois「1ヵ月後に」など、時間の単位をともなった語句があとにくる場合は「～後に」を表わしますので、しっかり区別して覚えましょう。

(3) Je ne me souviens plus (de) cette fille.「もうあの娘のことは覚えていないよ」。se souvenir de で、「～を覚えている」という意味になります。これは、前置詞の用法というよりも、代名動詞を用いた熟語表現として覚えておきたいものです。代名動詞と de を組み合わせた熟語表現として、ほかにも s'apercevoir de「～に気づく」、se moquer de「～をからかう」「～を無視する」、se servir de「～を使用する」、se tromper de「～をまちがえる」、s'occuper de「～の世話をする」、などがあります。合わせておさえておきましょう。

(4) Les arbres sont (en) fleurs dans le parc.「公園の木々は花盛りである」。これは「状態」を表わす en の用法です。このように、en は冠詞なしの名詞があとにくることの多い前置詞です。「状態」を表わす同じ用法として、être en colère「怒っている」、être en vacances「休暇中である」、être en bonne santé「健康である」、être en panne「故障中である」などがありますが、いずれも無冠詞の名詞がつづいています。このことは解答するにあたってひとつのヒントになりえますので、頭の片隅にとどめておきましょう。また en には「時間」にかかわる用法もあります。en 2000「2000 年に」、en été「夏に」、en janvier「1 月に」、en mon absence「私の不在時に」など「時点」や「時期」を表わしたり、en une heure「1 時間かけて」、en trois mois「3ヵ月で」（12 春）など「所要時間」を表わしたりします。大切な用法なので、確認しておきましょう。

解答　(1) ⑥　(2) ①　(3) ②　(4) ③

練習問題 2

次の(1)～(4)の（　　）内に入れるのに最も適切なものを、下の①～⑥のなかから１つずつ選び、解答欄のその番号にマークしてください。ただし、同じものを複数回用いることはできません。

(1) Ce garçon est grand (　　　) son âge.

(2) Je travaille (　　　) tard dans la nuit.

(3) Laurent est devenu rouge (　　　) colère.

(4) Rentre (　　　) qu'il pleuve.

① après	② avant	③ de
④ jusque	⑤ pour	⑥ sur

（16 春）

解説 **(1)** Ce garçon est grand (pour) son âge.「この少年は歳の割には大きい」。これは譲歩・対立を表わす pour の用法です。たとえば、Il fait froid pour la saison.「この季節にしては寒い」のように、「～にしては、～の割には」という意味で使われます。ほかに準２級レベルでおさえておくべき pour の用法としては、voyager pour deux semaines「2 週間の予定で旅行する」のように「予定の期間」を示すもの、Il a été puni (pour) avoir menti.「彼はうそをついたので罰せられた」(13 秋)、pour quelle raison「どういう理由で」のように「理由」を示すもの、acheter une montre pour 100 euros「100 ユーロで時計を買う」のように「対価」を示すもの、être pour ce projet「この計画に賛成である」のように「賛成」や「支持」を示すもの（「反対」なら être contre ce projet となります）などがあります。

(2) Je travaille (jusque) tard dans la nuit.「私は夜遅くまで働く」。jusque は、ある範囲の終点を表わす用法です。場所・程度・時間について「～まで」という意味で使われますが、ここでは時間の終点を表わしています。jusqu'à demain「あしたまで」のように前置詞 à をともなうことが多いのですが、jusque dans la soirée「夕方まで」のように dans をともなったり、この問題のように tard「遅くに」などの副詞をともなう場合もあります。

(**3**) Laurent est devenu rouge (de) colère.「Laurent は怒りで赤くなった」。理由・原因を表わす de が入ります。ほかの用例としては、pleurer de joie「うれし泣きする」、mourir de faim「餓死する」(18 春) などがあります。de には非常に多くの用法がありますので、すべてをおさえる必要はありませんが、これまでに出題された、Cette tour fait 36 mètres (de) haut.「この塔は 36 メートルの高さだ」(10 秋)、Hélène est plus âgée que Philippe (de) trois ans.「エレーヌはフィリップより 3 歳年上だ」(13 春) などの「程度」を表す用法、quelque chose de nouveau「なにか新しいもの」(15 春)、rien de grave「深刻なことはなにもない」、quelqu'un de sympathique「誰か感じのいい人」などの「不定代名詞の性質」を表わす用法、Tu as (de) quoi écrire ?「書くものをもっていない？」(17 春) などの「手段」を表わす用法などは、しっかりと確認しておきましょう。

(**4**) Rentre (avant) qu'il pleuve.「雨が降る前に帰りなさい」。avant は「〜の前に」を表わす前置詞です。〈avant de ＋不定詞〉「〜する前に」という用法もありますが、ここでは接続詞 que (qu') でみちびかれる従属節のなかの動詞 pleuvoir「雨が降る」が pleuve と接続法・現在形になっており、〈avant que ＋接続法〉の用法だということがわかります。

解答 (1) ⑤　(2) ④　(3) ③　(4) ②

練習問題 3

次の(1)～(4)の（　　）内に入れるのに最も適切なものを、下の①～⑥のなかから１つずつ選び、解答欄のその番号にマークしてください。ただし、同じものを複数回用いることはできません。

(1) Elle est mieux (　　　) photo que dans la réalité.

(2) Il s'est appuyé (　　　) le mur.

(3) Y a-t-il une saison des pluies (　　　) vous ?

(4) (　　　) le début, elle était déjà fatiguée.

① à　② chez　③ contre
④ dès　⑤ en　⑥ sans

(16 秋)

解説、(**1**) Elle est mieux (en) photo que dans la réalité.「彼女は実際よりも写真のほうがよい」。mieux ... que という比較級から、現実においてよりも、写真においてのほうがよい、という意味であることがわかりますが、問題はどの前置詞を選ぶかです。**練習問題 1** (4) で見たように、en は無冠詞名詞をともなうことの多い前置詞です。ここでは、「位置・地点」などの場所を指し、「～において」という意味で使われています。やはり「位置・地点」を表わしうる①à と迷うところですが、photo「写真」は無冠詞ですから、en が正解となります。

(**2**) Il s'est appuyé (contre) le mur.「彼は壁にもたれかかった」。contre には「～に反して、～に対して」という対立のイメージがありますが、それだけではありません。ここでは「～のそばに、～に接触して」という近接・接触を表わす用法で使われています。とくに s'appuyer という動詞は、s'appuyer à / contre / sur「～に寄りかかる、もたれかかる」などのように、いくつかの前置詞と組み合わせた形で覚えましょう。

(3) Y a-t-il une saison des pluies (chez) vous ?「あなたの国に雨季はありますか？」chez は「～の家に、～の店で」という意味のほかに、「～の国（地方）では」を表わす用法もあります。

(4) (Dès) le début, elle était déjà fatiguée.「最初から彼女はすでに疲れていた」。dès は「～からすぐに」「～からすでに」のように開始時点や出発点などを示します。この問題では、déjà「すでに」という副詞もヒントになります。

解答 (1) ⑤ (2) ③ (3) ② (4) ④

練習問題４

次の(1)～(4)の（　　）内に入れるのに最も適切なものを、下の①～⑥のなかから１つずつ選び、解答欄のその番号にマークしてください。ただし、同じものを複数回用いることはできません。なお、①～⑥では、文頭にくるものも小文字にしてあります。

(1) Ce menu commence (　　　) une salade.

(2) Il parle toujours (　　　) voix basse.

(3) Je n'ai pas son adresse (　　　) moi.

(4) Le résultat de l'examen ne sera pas connu (　　　) dix jours.

① à	② avant	③ dès
④ par	⑤ parmi	⑥ sur

（17 秋）

解説 (1) Ce menu commence (par) une salade.「このコース料理はサラダから始まる」。commencer のあとに前置詞がくるおもな表現に、〈commencer à＋不定詞〉「～しはじめる」と〈commencer par＋名詞／不定詞〉「～から始める、始まる」があります。この２つはいずれも重要な表現ですので、かならず覚えましょう。(Par) où commençons-nous ?「どこから始めましょう？」（13 秋）の形で出題されたこともあります。ちなみに〈finir par＋名詞／不定詞〉「～で終わる、終える」もよく使われる言い方で、過去には Il a d'abord hésité, mais il a finit (par) prendre une décision.「彼は初めはためらったが、最後には決心した」（09 春）という問題がありました。menu は出てくる料理があらかじめ店側できめられている「コース料理」のことです。前菜、主菜、デザートなどをそれぞれ別個に自分で選ぶ注文の仕方は à la carte と言います。

(2) Il parle toujours (à) voix basse.「彼はいつも小声で話す」。〈 à voix＋形容詞〉で「～な声で」という表現です。à voix basse「小声で」、à voix haute「大声で」のように使います。それぞれ bas「低い」／ haut「高い」という形容詞が使われていますが、たいていは音程の高低ではなく音量の大小を表わします。ちなみに、「大声で話す」を表わす場合、parler à haute voix という語順になることもあります。このほかに、de をともなって d'une voix blanche「抑揚のない声で」、d'une voix humble「おずおずした声で」のような表現もあります。日本語の「小声で」から発想するとどうしても ④par を選んでしまいがちですが、あくまでフランス語の表現としてとらえることが大切です。

(3) Je n'ai pas son adresse (sur) moi.「私はいま彼の住所がわからない」。sur には「～のうえに」「～について」のほかに、「～の身につけて」「～に付属して」という意味があります。ここでは、「私は手元に彼の住所をもっていない」、すなわち「いま彼の住所がわからない」という意味になります。いずれにしても、「接触」という sur のもともとの意味合いにもとづいています。それゆえ、Cette ville se situe sur la Loire.「その町はロワール川のほとりにある」や、donner sur「～に面している」という熟語を用いて Cette fenêtre donne sur la cour.「この窓は中庭に面している」といった表現も可能になるわけです。

(4) Le résultat de l'examen ne sera pas connu (avant) dix jours.「試験の結果は10日以内にはわからないだろう」。avant は、うしろに日時あるいは時点をともなうと「～以前に」という意味になりますが（avant le 1er décembre「12月1日以前に」、avant midi「正午までに」など）、時間の長さあるいは時間の単位をふくむ語句をともなうと「～以内に」という意味になります。たとえば、Ils vont se marier avant un an.「彼らは1年以内に結婚するだろう」。なお、選択肢にはありませんが、〈 dans＋時間（の長さ）〉は「～後に」という意味です（**練習問題 1** (2) 参照）。選択肢にある dès は、**練習問題 3** (4)で見たように、「～からすぐに」「～からすでに」のように開始時点や出発点などを示す前置詞ですので、時間の長さを表わす語句がつづいているこのケースにはあてはまりません。また、⑤parmi にはそもそも時間的な用法がありませんので、やはりあてはまりません。

解答　(1) ④　(2) ①　(3) ⑥　(4) ②

練習問題 5

次の(1)〜(4)の（　　）内に入れるのに最も適切なものを、下の①〜⑥のなかから１つずつ選び、解答欄のその番号にマークしてください。ただし、同じものを複数回用いることはできません。なお、①〜⑥では、文頭にくるものも小文字にしてあります。

(1) Avancez tout droit (　　　) vous.

(2) Ces livres sont (　　　) lire.

(3) Voulez-vous plier cette feuille (　　　) quatre ?

(4) (　　　) vingt invités, seulement dix sont venus.

① à　　② dans　　③ de
④ devant　　⑤ en　　⑥ sur

（18 秋）

解説 **(1)** Avancez tout droit (devant) vous.「まっすぐ前に進んでください」。これは場所「〜の前に」や進行方向「〜の前方へ」を表わす前置詞 devant の典型的な用法です。aller droit devant soi で「（自分の）前方へまっすぐ進む」の意味になります。

(2) Ces livres sont (à) lire.「これらの本は読む価値がある」。〈 être à ＋ 不定詞 〉で「〜されるべきである、〜される価値がある」を意味します。ここでは不定詞が lire ですので「一読の価値がある」という意味になります。① à が正解です。ほかにも、J'ai beaucoup de choses à faire.「私にはやるべきことがたくさんある」のような表現が日常会話でよく使われます。〈 à ＋ 不定詞 〉の形をとる重要な表現としては、〈 facile à ＋ 不定詞 〉「〜することが容易な」、〈 difficile à ＋ 不定詞 〉「〜することが難しい」もあります。

過去には、C'est un projet difficile (à) accepter.「これは受け入れがたい計画だ」（12 秋）というように出題されています。準 2 級レベルでおさえておくべき à の用法には、ほかにも、tasses à café「コーヒーカップ」（11 春）、brosse à dents「歯ブラシ」のように「用途」を示すもの、Je vous présente Sophie, une amie (à) moi.「私の友人のソフィーをご紹介します」（15 秋）、C'est à toi, ce livre ?「この本、あなたの？」のように「所属」を示すもの、chambre à deux lits「（ホテルの）ツインルーム」（13 秋）のように「付属」を示すもの、à ton avis「あなたの意見では」、à ma connaissance「私の知る限り」のように「準拠」を示すもの、fermer la porte à clef「鍵でドアを閉める」のように「手段」や「道具」を示すもの、〈 enlever ＋もの à ＋人〉「～から～を取り上げる」、〈 emprunter ＋もの à ＋人〉「～から～を借りる」のように「分離」を示すもの、C'est (à) vous de décider.「あなたが決める番ですよ」（17 春）のように「順番」を示すもの、à la française「フランス風の」、à l'américaine「アメリカ風の」のように「～風の」という言い方などがあります。きちんと整理しておくことが大切です。

(3) Voulez-vous plier cette feuille (en) quatre ?「この紙を 4 つに折ってくれませんか」。ここでの前置詞 en は、変化の結果「～の状態に」なることを表わします。うしろに数詞がおかれていますから、plier「折る」という動作の結果として「紙」が「4」になるように、ということです。正解は⑤ en です。同じ用法が couper en deux「2 つに切る」や traduire en japonais「日本語に訳す」などの表現にも見られます。

(4) (Sur) vingt invités, seulement dix sont venus.「20 人の招待客のうち、10 人しか来なかった」。ここでの sur は「～のうちで、～につき」といった「比率」を表わします。「包含」や「領域」を表わす② dans を選んでしまう方が多そうですが、ここでは「20 人中 10 人」という「比率」が問題になっていますから、正解は⑥ sur となります。ほかにも avoir dix-sept sur vingt「20 点（満点）中 17 点とる」や vingt-quatre heures sur vingt-quatre「24 時間ぶっ通しで」などは日常会話でもよく使われますので、覚えておきましょう。sur については **練習問題 4** の (3) でも触れましたが、過去にはほかにも、Ce médicament n'a eu aucun effet (sur) cette maladie.「この薬はその病気になんの効果もなかった」（11 春）、Appuyez (sur) ce bouton pour mettre la machine en marche.「機械を動かすにはこのボタンを押してください」（15

春）などが出題されています。また livre sur le cinéma「映画についての本」、réflechir sur un problème「ある問題について考える」など、「～に関して」という用法も重要です。

解答　(1) ④　(2) ①　(3) ⑤　(4) ⑥

2

提示された日本語文に対応するフランス語文のなかで、欠落している語を解答欄に記入する問題です。記述式問題で、問題数5、配点は各問2点、合計10点です。

まず、この問題では、日本語である言い方がされるとき、フランス語ではどう言うかが問われているのであって、日本語文のフランス語訳文を作るのではないということを確認しておきましょう。準2級ではおもに、日常的で、ごく短い会話表現が出題されます。日常会話での決まり文句、よく使われる慣用表現はすべて覚えておきましょう。まれにしか使われないようなものはほぼ出題されません。ですから、出題される表現の数はおのずと限られてきます。この問題については、同様の問題が繰り返し出ると考えてよいでしょう。となれば、受験対策は単純です。過去に出た問題をすべて復習し、会話教科書に出てくる基本的な表現を予習しておけば、確実に解答できるはずです。

この問題は記述式問題なので、聞きかじったとか、うろ覚えでは得点できません。単語のつづりを正確に覚えていなければなりません。アクサン記号を書き落としても、アクサン記号の向きがちがってもいけません。アクサン記号や複数のsがないくらいは大丈夫だろう、といういいかげんな態度は通用しません。少しでもちがえば誤答、すなわち0点となります。

解答のフランス語文は、1語を除いて問題用紙に記されていますから、欠けている語を推測するうえで大きな手がかりになります。空欄の前後をよく見て、空欄に入れるべき語は、女性形なのか男性形なのか、単数なのか複数なのか考えましょう。ただし入る語は名詞とはかぎりません。動詞、形容詞、副詞、接続詞などさまざまですので、意味内容を把握するだけでなく、むしろ先に品詞を確定させ、フランス語の文の意味をより鮮明かつ正確にイメージすることも必要です。もちろん空欄が文頭にある場合は、解答を大文字で書きはじめることも忘れないようにしなければなりません。

これまで出題された問題を見ると、記入すべき語はいずれもごく基本的な単語であり、あまりなじみのないもの、ほとんど見たこともないようなものはないはずです。この問題は、受験対策がとりやすく、準備をすれば確実に得点に結びつく問題です。

練習問題 1

次のフランス語の文(1)〜(5)が、それぞれあたえられた日本語の文が表す意味になるように、（　　）内に入れるのに最も適切な語（各 1 語）を、**示されている最初の文字とともに**、解答欄に書いてください。

(1) Aucune (i　　　　).
なにも思いつきません。 (18 春)

(2) Ça (d　　　　).
場合によるね。 (13 春)

(3) Ce n'est pas la (p　　　　).
その必要はありません。 (16 秋)

(4) Je vous en prie ; (a　　　　) vous.
どうぞお先に。 (15 秋)

(5) Tu as (t　　　　).
君はまちがっているよ。 (13 秋)

解説 日本語に対応するフランス語を知っていれば、カッコに入れるべき語はすぐわかるでしょうし、あとはその語のつづりを正確に書けばいいわけですが、適切な解答が思い浮かばない場合はどうしたらよいでしょうか。知っておくべきことと、知らない場合にどうするかという 2 点にとくに注意しながら、順に考えていきましょう。

(1) Aucune (idée).「なにも思いつきません」。これは否定のヴァリエーションのひとつである ne ... aucun(e)「どんな〜も…ない」という表現を省略した形ですが、省略せずに、Je n'en ai aucune idée. とも言います。いずれも日常会話で大変よく使われます。idée は「考え」、「アイデア」、あるいは「おおよその知識」、「見当」という意味の名詞です。C'est une bonne idée.「それは名案だね」およびそれを省略した形 Bonne idée. も基本的な表現なので、合わせて覚えておきましょう。

(2) 相手の言っていることに対して、そうとは言い切れない場合や、いろいろな可能性が考えられる場合には、Ça dépend.「場合によるね」と答えます。会話のなかでよく用いられる表現ですから、ぜひ覚えておいてください。本来は dépendre de「～による、～次第である」という使い方をするのですが、これは de 以下が省略された形の定型表現と考えられます。

(3) 「その必要はありません」にあたる表現は、Ce n'est pas la (peine). です。peine は「苦痛、労力」を表わす女性名詞ですが、Ce n'est pas la peine. で「その労力をとる必要がない」という意味合いになります。実際の試験では、誤答として *possible* がめだちました。もし Ce n'est pas possible.「不可能だ」であれば、文法的には成り立ちますが、冠詞が不要になります。（Pas (possible) !「まさか」（17 春）という形で出題されたことがあります。）

(4) 「どうぞお先に」にあたる表現は、Je vous en prie ; (après) vous. です。Je vous en prie が「どうぞ」にあたり、après vous は、直訳すれば「あなたのあとで」になりますが、要するに、私はあなたのあとにつづきます、あなたが先にどうぞ、ということです。これは慣用表現ですが、知らなくても、「あなたが先」「私はあと」という論理関係を考えれば、答えにたどりつくことは可能です。せっかく après が入ることまではわかったのに、*aprés* や *aprês* のようにアクサン記号の種類をまちがえてはもったいないので、しっかりつづりを書けるようにしておきましょう。なお、Je vous en prie にはほかに「どういたしまして」という意味もあります。Il n'y a pas de quoi.（18 秋）と De rien も同じ意味の定型表現でよく使われますので、3 つ合わせて確認しておいてください。

(5) 「（人の言動が）正しい」という表現は avoir raison ですが、その反意語に相当するのは avoir tort「（人の言動が）まちがっている」です。2 つ合わせて覚えましょう。このように、明確に対になっているものを 2 つセットで覚えるのは、語彙をふやすコツのひとつです。avoir を用いた定型表現としては、avoir faim「空腹である」avoir soif「のどがかわいている」、avoir chaud「暑い」、avoir froid「寒い」、avoir sommeil「眠い」、avoir mal à「～が痛い」(ただし avoir mal au cœur (14秋) は「気分が悪い」「吐き気がする」という意味になります) などの日常生活に関わるもののほか、avoir besoin de「～が必要である」、avoir envie de「～がほしい」、avoir lieu「おこなわれる」(16春)、avoir peur de「～がこわい」なども重要です。

解答 (1) idée (2) dépend (3) peine (4) après (5) tort

練習問題 2

次のフランス語の文(1)～(5)が、それぞれあたえられた日本語の文が表す意味になるように、(　　)内に入れるのに最も適切な語（各1語）を、**示されている最初の文字とともに**、解答欄に書いてください。

(1) Bonne (a　　　) !
あけましておめでとう。 (17春)

(2) Ça (a　　　) à tout le monde.
だれにでもあることだ。 (15春)

(3) C'est (d　　　).
残念です。 (13春)

(4) C'est ta (f　　　).
あなたのせいよ。 (14秋)

(5) Vous (d　　　) ?
（店員が客に向かって）何をお求めですか。 (16春)

解説 **(1)** Bonne (année) !「あけましておめでとう」。これがもっともシンプルな新年のあいさつの表現ですが、Bonne et heureuse année ! のように、heureuse「幸せな」を付け加えた表現もあります。また、Joyeux Noël !「メリークリスマス」といっしょにして、Je vous souhaite à toutes et à tous un joyeux Noël et une bonne année !「みなさまが楽しいクリスマスとすばらしい新年を迎えられるようお祈り申し上げます」のような表現が、年末に交換されるカードに書かれることもあります。année は n を2つかさねること、アクサン記号があること、最後に e があることに注意しましょう。

形容詞 bon のうしろに名詞を置く表現にはいくつかバリエーションがあり、この設問でもたびたび出題されています。たとえば、Bon anniversaire !「誕生日おめでとう」、Bon courage !「がんばってね」（15 秋）、Bonne chance !「幸運を祈ります」、Bon retour !「気をつけて帰ってね」、Bon appétit !「さあ、召しあがれ」、Bonne journée !「どうぞよい 1 日を」（12 秋）、Bonne soirée !「どうぞよい晩を」、Bonne nuit !「おやすみなさい」などがあります。〈 bon ＋名詞 〉からなる表現に関しては、1 度まとめて覚えることをおすすめします。それぞれ辞書できちんと確認しておいてください。

(2) 「だれにでもあることだ」は、Ça (arrive) à tout le monde. と言います。arriver =「着く」という第 1 の意味しか覚えていないと、この問題を解くことはむずかしいでしょう。『仏検公式基本語辞典 3 級・4 級・5 級 新訂版』の **arriver** の項には、arriver の第 2 の意味として「（ものごとが）起きる、発生する」があげられており、Qu'est-ce qui est arrivé ?「何が起きたのですか？」という例文が載っています。なお、「着く」という意味で arriver を用いた表現として、J'arrive.「すぐ行きます」（09 春）も重要です。

(3) 日常会話でしばしば用いられる重要表現のひとつです。単に Dommage ! とも、強調して Quel dommage ! とも言います。接続詞 que を用いた〈 c'est dommage que ＋接続法 〉「～なのは残念です」という定形表現もあります。dommage はもともと「残念なこと」や「損害、損失」といった意味があるので、日本語訳からそれほどかけ離れているわけではありません。書くときに m を 2 つかさねることに注意してください。d で始まり、しかも意味的にも似ている語として *désolé* を思いついた人もいるかもしませんが、C'est désolé. という表現は存在しません。正しくは Je suis désolé(e).「申し訳ありません」です。

(4) 「あなたのせいよ」にあたる表現は、C'est ta (faute). です。「～のせい」というのは「～の落ち度」と同じことだと気がつけば、faute をみちびき出すことはそれほどむずかしくなかったかもしれません。関連した表現として、Ce n'est pas ma faute.「私のせいではありません」（11 春）もあります。

(5) Vous (désirez) ?「何をお求めですか」。動詞 désirer「望む」が入ります。店員が客に向かって尋ねるときによく使われる表現です。『仏検公式基本語辞典 3 級・4 級・5 級 新訂版』の **désirer** の項には、Qu'est-ce que vous désirez ?と同義でこの表現が載っています。出題時のもっとも多い誤答は *demandez* でしたが、この動詞は、Qu'est-ce que vous demandez ? ならともかく、Vous demandez ? のように直接目的補語を省略した形で使われることはまずありません。お店でのシチュエーションに関しては、重要な定型表現がいくつかあります。Je peux vous aider ?「(店員が) 何かお探しですか」(11 秋) や Gardez la monnaie.「おつりはけっこうです」(15 春) がそうですし、飲食店で同行者とかわすことばとして、À votre santé.「乾杯」(12 春)、Je t'invite.「おごるよ」(12 春) なども過去に出題されています。合わせて覚えておきましょう。

解答 (1) année　(2) arrive　(3) dommage　(4) faute
(5) désirez

練習問題 3

次のフランス語の文(1)～(5)が、それぞれあたえられた日本語の文が表す意味になるように、(　　) 内に入れるのに最も適切な語（各 1 語）を、**示されている最初の文字とともに**、解答欄に書いてください。

(1) Excuseé-moi de vous (d　　　　).
　おじゃましてすみません。 (17 春)

(2) Il (m　　　　) Catherine.
　カトリーヌがいない。 (15 春)

(3) Je vous (d　　　　) mon succès.
　成功したのはあなたのおかげです。 (16 秋)

(4) Je vous (r　　　　) vraiment.
　おおいに感謝いたします。 (18 春)

(5) Permettez-moi de me (p　　　　).
　自己紹介させていただきます。 (18 秋)

解説 この練習問題では、とくに空欄を動詞で埋める問題を集めました。慣用的定型表現を覚えることも必要ですが、いくつかの動詞については、辞書的な意味のほかに、日常会話でどう使われるかを知っておくことがとても大切です。動詞の日常的用法については、辞書の例文などで意識して整理しておくようにしましょう。

(1) Excusez-moi de vous (déranger).「おじゃましてすみません」。この表現は日常会話できわめてひんぱんに使われますので、ぜひ正確に覚えておきたいものです。déranger を使った用例としてはほかに、Je vous dérange ?「おじゃまではありませんか」や、ホテルの部屋のドアなどに掛けられる札に書いてある Prière de ne pas déranger.「起こさないでください」もあります。

(2)「～がいない」にあたる表現は Il manque です。manquer は「足りない、欠けている」を意味する動詞です。問題文中の Il が「彼」という意味ではないことに注意してください。この Il は、Il fait beau.「天気がよい」のように非人称主語です。manquer は会話でも非人称構文で用いられることが多い動詞です。〈 Il manque ＋名詞 〉で「～が足りない、いない」という意味になります。Il manque du sel dans cette soupe.「このスープは塩が足りない（きいていない)」のように使います。

(3)「成功したのはあなたのおかげです」にあたる表現は、Je vous (dois) mon succès. です。devoir には「～しなければならない」という意味だけでなく、〈 devoir ＋もの à ＋人 〉で「～は〔人〕のおかげである」「〔人〕に～を借りている」という表現もあります。Je dois mille euros à Jean. なら「私はジャンに 1000 ユーロ借りている」の意味です。それを知らなかったためか、出題時の誤答として *donne*「あたえる」、*demande*「要求する」がめだちましたが、それらの動詞を入れても意味をなしません。

(4) Je vous (remercie) vraiment.「おおいに感謝いたします」。感謝の表現には、Merci !「ありがとう」、C'est gentil (à vous).「ご親切に」などがありますが、ここで問われているのは、「感謝する」という動詞 remercier を用いた言い方です。出題時の誤答として多かったのは、*reméri*、*remerci*、*remércie* などです。remercier という第 1 群規則動詞の直説法・現在形であることが認識できていれば、語尾が i で終わるまちがいはせずにすむはずです。

(5) Permettez-moi de me (présenter).「自己紹介させていただきます」。se présenter で「自己紹介をする」の意味になります。この表現は繰り返し出題されている、きわめて頻度が高いものです。いつも *presenter* とアクサン・テギュが抜けてしまう誤答が多く、つづりにアクサンがふくまれると、とたんに得点率が下がる傾向が見られます。気をつけましょう。

解答 (1) déranger　(2) manque　(3) dois　(4) remercie
(5) présenter

練習問題４

次のフランス語の文(1)〜(5)が、それぞれあたえられた日本語の文が表す意味になるように、（　　）内に入れるのに最も適切な語（各１語）を、**示されている最初の文字とともに**、解答欄に書いてください。

(1)　Ce sera pour une autre (f　　　　).
　　また今度にします。

(2)　Je suis occupé pour le (m　　　　).
　　今のところ忙しいんだ。

(3)　Non, au (c　　　　) !
　　いや、それどころじゃないよ。

(4)　Prenez votre (t　　　　) !
　　どうぞごゆっくり。

(5)　Qu'est-ce que vous faites dans la (v　　　　) ?
　　お仕事は何ですか。

（14春）

解説

(1)　Ce sera pour une autre (fois).「また今度にします」。pour la première fois「初めて」という表現を知っていれば、pour と空欄の最初の文字 f が大きなヒントになりえます。もっとも、fois はほぼ日本語の「〜度」「〜回」に相当するので、この表現を知らなくても答えをみちびくことは可能でしょう。fois は単数でも語末に s がありますので注意してください。

(2)「今のところ」にあたる表現は、pour le (moment) です。moment「一瞬、時期」には、à ce moment(-là)「そのとき、当時」、en ce moment「今」、Un moment, s'il vous plaît.「しばらくお待ちください」などの表現もあるので、合わせて覚えておきましょう。

(3)「いや、それどころじゃないよ」に相当する表現は、Non, au (contraire) ! です。contraire「逆、反対」という単語は知っていても、こなれた日本語訳のほうからこの表現を思いつくのはむずかしいかもしれません。会話ではよく使われる表現ですからぜひ覚えておきましょう。出題時には *contre* という内容的には惜しい誤答もありましたが、contre は「～に対抗して、～に備えて」という意味の前置詞なので、文法的にここには入りません。

(4)「どうぞごゆっくり」にあたるのは、Prenez votre (temps) ! です。「ゆっくり」を「遅く」と取ったためか *tard* という誤答も予想されますが、直前に所有形容詞 votre がありますので、空欄に入るのは副詞ではなく名詞です。動詞 prendre もふくめ、「ゆっくり」は「時間をとる」という意味だと気がつけば、temps をみちびき出すことはそれほどむずかしくないはずです。上の(1)で見た fois と同様、temps も単数であっても語末に s がつきますので注意してください。

(5)「お仕事は何ですか」にあたる表現は、Qu'est-ce que vous faites dans la (vie) ? です。日常会話でよく使われる重要表現のひとつです。Qu'est-ce que vous faites ? だけだと、現在している行為について「何をしているのですか」と尋ねている場合もありますが、dans la vie「生活・人生において」があると、職業についての質問に限定されます。空欄の直前に定冠詞 la がありますので、やはりここも名詞が入るということがわかるはずです。

解答 (1) fois (2) moment (3) contraire (4) temps (5) vie

練習問題 5

次のフランス語の文(1)～(5)が、それぞれあたえられた日本語の文が表す意味になるように、（　　）内に入れるのに最も適切な語（各 1 語）を、**示されている最初の文字とともに**、解答欄に書いてください。

(1) Ça ne fait (r　　　　).
たいしたことありません。

(2) Faites (c　　　　) chez vous.
どうぞ楽にしてください。

(3) Je vous (é　　　　).
どうぞお話しください。

(4) Quoi de (n　　　　) ?
何か変わったことは？

(5) Vous allez (m　　　　) ?
よくなりましたか？

（17 秋）

解説

(1)「たいしたことありません」にあたる表現は、Ça ne fait (rien). です。「なんでもない、かまわない」を意味する慣用表現ですが、仮に知らなくても、ne があるので、否定のヴァリエーションのひとつだと容易に推測できるはずです。ça のかわりに cela を用いたり、〈à ＋人〉をともなう用例もあります（Si cela ne te fait rien, je sors ce soir.「もし君にさしつかえなければ、ぼくは今夜出かけるよ」）。また、ほかに faire を用いた表現として、faire quelque chose à「～に何かする、影響・効果をもたらす」があります（Cette nouvelle m'a fait quelque chose.「その知らせは私にとってショックだった」)。

(2)「どうぞ楽にしてください」にあたる表現は、Faites (comme) chez vous. です。直訳すれば「ご自宅にいるように過ごしてください」ですが、慣用表現として「気楽にくつろいでください」という意味になります。接続詞 comme には、「～のように、～のような」、「～として」、「～なので」のように多くの意味があります。この問題と同様に「～のように、～のような」という意味を用いた定型表現としては、Comme d'habitude.「いつものように」(09 秋) が出題されたことがあります。ほかにも「なんて～なのだろう」という意味の感嘆文をみちびくことがあり、その際、comme のあとには文 (主語＋動詞) がつづきます。たとえば、Comme c'est beau !「なんてきれいなんでしょう」(15 春) のような文が考えられます。

(3)「どうぞお話しください」にあたる表現は、Je vous (écoute). です。écouter は「しっかり注意して聞く」という意味で、entendre「聞こえる」とはことなります。誤答としては、*écute* というつづりの誤りや、*écouter*、*écouté*、*écoutez* などの活用の誤りのほか、*entendre* (およびその活用形) もやはり見うけられました。(　　) にはアクサン記号のついた é がありますので、よく見て、é から始まる動詞をさがし、主語に合わせて適切に活用させてください。

(4)「何か変わったことは？」にあたる表現は、Quoi de (neuf) ? または Quoi de (nouveau) ? です。neuf は数字の「9」を表わすこともありますが、ここは「新品の」「新奇な」「新鮮な」を意味する形容詞です。筆記試験 1 **練習問題 2** (3)の解説でも触れたとおり、quoi、quelque chose、rien などの疑問代名詞、不定代名詞に形容詞を付ける場合は、前置詞の de をともなう必要があります (Je n'ai fait rien de spécial.「私は特別なことをなにもしなかった」)。

(5)「よくなりましたか？」にあたる表現は、Vous allez (mieux) ? です。aller は「行く」のほかに「健康状態が～だ」「体の具合がよい」を意味し、Comment allez-vous ?「元気ですか？」、Elle va bien.「彼女は元気です」、Ma santé ne va pas en ce moment.「このごろ健康状態がすぐれない」のように用いるのはよくご存じでしょう。Aller mieux は、比較級を用いていることから、「調子が以前よりよい」という意味になります。少し形を変えて、

Ça va (mieux) qu'hier, Paul ?「昨日よりぐあいはいいかい、ポール？」(09春）というふうに出題されたこともあります。誤答として *mal* が考えられますが、Vous allez mal ? だと「具合が悪いのですか？」という意味になってしまいます。Je me sens (mal).「気分が悪いんです」（12春）という出題が過去にありましたので、合わせて覚えておきましょう。ほかに体調に関する表現として、être en forme「元気である」「健康である」（11秋）も重要です。

解答 (1) rien (2) comme (3) écoute (4) neuf / nouveau (5) mieux

3

提示されたフランス語文とほぼ同じ意味になるフランス語文を完成させる問題です。完成させるべき文の空欄に、下にあたえられた動詞群のなかから適合するものをひとつ選び、法・時制などを考慮して適切な変化形にして記入する問題です。記述式問題で、問題数 5、選択肢数 7、配点は各問 2 点、合計 10 点です。

2 級でも同様の問題が出題されますが、それにくらべて準 2 級では問題の難易度を低めにおさえてあります。対象となる動詞が準 2 級の語彙制限内のものであるだけでなく、問題文も比較的平易で、法や時制の面でも単純であると言えます。構文の面でも、並置された **A**、**B** の 2 文とも同じ構文で、動詞部分を入れかえればいいだけの問題もあります。

さて対策ですが、動詞の問題ですから、まず、動詞の基本的区分である自動詞と他動詞の構文上のちがいを確認しておきましょう。自動詞は直接目的補語をとらず、他動詞は直接目的補語をとる、ということです。完成すべき文に直接目的補語があるかないかは、動詞選択の重要なポイントになります。

次に、筆記試験 1 の前置詞問題のところでも取り上げたように、動詞は特定の前置詞と結びつく場合も多いので、完成すべき文中にある前置詞が手がかりになることがあります。前置詞は、動詞が入る空欄の直後にあるとはかぎらず、直接目的補語となっている名詞をはさむ形で、動詞と離れていることもあります。

また、空欄の前も重要な手がかりになります。たとえば、n'(　　　) となっていれば、(　　　) 内には母音または無音の h で始まる語がくるということですが、複合過去の場合には助動詞の a や est が先立つので、かならずしも母音または無音の h で始まる動詞が入るとはかぎりません。

さらに、記述式問題ですから、選択肢を選ぶ問題とはちがって、つづりやそれ以外のことにも十分な注意が必要です。準 2 級では、法や時制の判断に関して過剰な負担をかけないよう、ある程度配慮がなされているので、たいていは **A** の文に合わせればいいのですが、一部では構文の変換によって主語が **A** の文と異なる場合があります。そうしたケースでは、とくに複合過去や大過去、受動態など複合形での性・数一致を再確認するようにしましょう。また従属節で接続法となる基本的な構文を整理しておくことも大切です。

なお、以下の **練習問題1** は、この問題への対策を実例に則して解説するために、よく工夫された、いかにもこの問題にふさわしい過去問題を集めたものです。ですから、これら5問を1セットとした場合、通常の出題問題より難易度はあがっています。通常は、実際に出題されたセットである **練習問題2**、**練習問題3**、**練習問題4**、**練習問題5** のように、比較的解答の容易な問題を混ぜて難易度が調整されています。

練習問題 1

次の(1)～(5)について、**A**、**B** がほぼ同じ意味になるように、（　　　）内に入れるのに最も適切なものを、下の語群から 1 つずつ選び、必要な形にして解答欄に書いてください。ただし、同じものを複数回用いることはできません。

(1) **A** Ce n'est pas son problème.
B Ça ne le (　　　) pas. (14 春)

(2) **A** Elles mettront une heure pour faire le ménage.
B Le ménage leur (　　　) une heure. (15 秋)

(3) **A** Il n'y a plus de vent.
B Le vent (　　　). (18 春)

(4) **A** Je n'ai plus que deux heures pour finir ces devoirs.
B Il ne me (　　　) plus que deux heures pour finir ces devoirs. (17 秋)

(5) **A** Simon prend la place de Paul.
B Paul (　　　) par Simon. (16 春)

cesser	faire	prendre	regarder
remplacer	rester	se passer	

解説 それぞれの問いについて、まず **A** の文を日本語訳付きで提示してから、解説していきます。

(1) **A** Ce n'est pas son problème.「これは彼の問題ではない」。**A** と **B** の

構文が大きく変わっています。**A** の文で属詞になっている son problème の son が、**B** の文では動詞の目的語として le になっています。**B** の文では「問題」にあたる語がありませんから、空欄に入るのは、そうした意味合いをふくみ、直接目的補語をとる動詞 regarder「(ものごとが) ～にかかわる、関係がある」であることがわかります。現在形に正しく活用させれば正解です。とくに 2 人称で、Ça ne te regarde pas.「君には関係ないことさ」、Ça ne vous regarde pas.「あなたには関係のないことです」は日常会話でよく使われる重要な表現です。

⑵ **A** Elles mettront une heure pour faire le ménage.「彼女たちは掃除をするために 1 時間かけるだろう」。mettre には「(時間を) かける」という意味があります。**B** の文では主語が le ménage であり、空欄のあとには une heure がありますから、時間の長さを表わす語句と合わせて「(時間) をとる」という意味になる動詞 prendre を選びます。**A** の文が単純未来形におかれていますから、そのニュアンスを保つためには、**B** の方でも単純未来形にしなければなりません。出題時には時制をまちがえて *prend* とした答案が数多く見られました。

⑶ **A** Il n'y a plus de vent.「もう風はふいていない」。**B** の文では主語が Le vent「風」になっていますから、「やむ」とか「止まる」という意味をもつ動詞が入ることは、すぐにわかるでしょう。選択肢のなかでは cesser がこれにあたります。**A** の文は「もう風がふいていない」と現在形ですが、「いま現在、風がふいていない」ということは「風がやんだ」ということですから、cesser の時制は複合過去になります。a cessé が正解です。**A** の文と **B** の文とで時制を変えなければならないので、多少むずかしい問題ではあります。ただ、現在形の動詞であっても、ne ... plus と組み合わせた場合には、何かがすでに終わっている状態（「もはや～ない」）を示しますので、「終わる」にあたる動詞を用いて言いかえるなら、やはり時制は現在完了を表わす複合過去にしなければなりません。

この問題では cesser は自動詞として使われていますが、他動詞としての用法もあります。たとえば、Il cesse toujours son travail avant 17 heures.「彼はいつも 17 時までには仕事を終える」。また、〈 cesser de ＋不定詞 〉で「～するのをやめる」という意味になり、Mon père a cessé de fumer.「父はたばこをやめた」のように使います。さらに、その否定形〈 ne pas cesser de

＋不定詞〉「〜しつづける」もとてもよく使われます。この場合、pas はしばしば省略され、Elle n'a cessé de pleurer.「彼女は泣きつづけた」のようになります。

(4) **A** Je n'ai plus que deux heures pour finir ces devoirs.「これらの宿題を終えるのにあと 2 時間しかない」。**A** の文の ne ... plus que は、ne ... plus「もはや〜ない」と ne ... que「〜しかない」を組み合わせたような形で、「もはや〜しかない」という意味です。**B** の文が「これらの宿題を終えるのに私にはあと 2 時間しか残っていない」という意味になるように、空欄には reste を入れます。il reste「〜が残っている」は非人称構文です。出題時には reste のかわりに *fait* とした誤答が多数ありましたが、非人称の il と faire の組み合わせでは天気・気候を表わし、その場合 me などの補語人称代名詞をともなうことはありません。

(5) **A** Simon prend la place de Paul. あえて直訳すれば「Simon は Paul の場所を取る」ですが、意訳すれば「Simon は Paul に取ってかわる」となります。一方、**B** の文は主語が Paul に変わっており、空欄のあとは par Simon がきていますので、受動態に変化していると推測できます。「取ってかわる」を 1 語で言い表わすのは、動詞 remplacer しかありません。これを受動態にして、Paul (est remplacé) par Simon. が正解となります。受動態にする問題もまれに出題されますので、変化の形のひとつとして念頭に置いておきましょう。本問では主語が男性・単数ですが、女性であれば過去分詞の末尾に e を、複数であれば s を付ける必要があります。

解答 (1) regarde (2) prendra (3) a cessé (4) reste
(5) est remplacé

練習問題 2

次の(1)～(5)について、**A**、**B** がほぼ同じ意味になるように、(　　　) 内に入れるのに最も適切なものを、下の語群から１つずつ選び、必要な形にして解答欄に書いてください。ただし、同じものを複数回用いることはできません。

(1) **A** Il a fini sa vie à l'étranger.
B Il (　　　) à l'étranger.

(2) **A** Ils n'arrêtent pas de discuter pendant le repas.
B Ils (　　　) à discuter pendant le repas.

(3) **A** Je publie mon premier roman cette année.
B Mon premier roman (　　　) cette année.

(4) **A** La réussite de son fils la rendra heureuse.
B Si son fils réussit, elle (　　　) heureuse.

(5) **A** Nous consultions tout le temps le dictionnaire.
B Nous (　　　) tout le temps des mots dans le dictionnaire.

avoir	chercher	continuer	devenir
mourir	prendre	sortir	

(15 春)

解説

(1) **A** Il a fini sa vie à l'étranger.「彼は外国で一生を終えた」。**B** の文では、

sa vie という表現がありません。したがって、finir sa vie「一生を終える」と同じ意味の動詞である mourir「死ぬ」を選んで、複合過去形に正しく活用させれば正解です。注意すべきは、mourir は助動詞として être をとるということです。助動詞を avoir にしてしまい、*a* mort という誤答が予想されます。また、mourir の過去分詞は mort ですが、出題時には *mouri*、*mourit* といった誤答も多かったです。

(**2**) **A** Ils n'arrêtent pas de discuter pendant le repas.「彼らは食事の間中議論をやめない」。否定文を肯定文で言いかえるために、反意語を選ぶ問題です。ここでは、〈 arrêter de ＋不定詞 〉「～するのをやめる」を使った否定文から、〈 continuer à ＋不定詞 〉「～しつづける」を使った肯定文に書きかえます。現在形で正しく活用させれば正解です。

(**3**) **A** Je publie mon premier roman cette année.「今年、私は最初の小説を出版する」。**B** の文では、mon premier roman「私の最初の小説」が主語になっているので、「(書物が) 出版される、(映画が) 公開される」という意味の動詞 sortir の現在形が正解になります。なお、sortir という動詞はほかに「～から出る、外出する」という意味で、自動詞として用いられることが多いですが、Elle sort son portefeuille de son sac.「彼女はバッグから財布を取り出す」のように他動詞としての用法もあることも押さえておきましょう。この場合、複合形の助動詞は être ではなく avoir です。(Elle a sorti son portefeuille de son sac.)

(**4**) **A** La réussite de son fils la rendra heureuse.「息子の成功は彼女を幸せにするだろう」。日本語としては不自然な訳ですが、要するに「息子が成功すれば彼女は幸せになるだろう」ということです。さて、**A** と **B** では構文が大きく変わっています。**A** では、〈 rendre X Y 〉「**X** を **Y** にする」という構文が使われています。この場合、直説目的補語の la が **X** で、形容詞の heureuse が **Y** です。動詞の rendre が rendra と単純未来形になっていることにも注意しましょう。**B** の前半部分は、〈 Si ＋直説法・現在 〉「もし ～なら」という構文が用いられていて、「もし息子が成功するならば」という意味になります。後半部分を見てみると、[...] elle (　　　) heureuse. となっていますので、「～になる」を意味する devenir を選び、単純未来形に活用させれば正解です。

(5) **A** Nous consultions tout le temps le dictionnaire.「私たちはいつも辞書をひいていた」。まず、動詞 consulter が半過去形になっていることに注意しましょう。tout le temps は「いつも」を意味する熟語です。空欄を除いて **B** を訳してみると、「私たちはいつも辞書で単語を～していた」となります。dans le dictionnaire は直訳すれば「辞書のなかに」ですが、ここでは「辞書で」という意味になります。たとえば、Je l'ai lu dans le journal. といえば「私はそれを新聞で読んだ」という意味です。さて、「単語を～していた」の箇所ですが、**A** の「辞書をひいていた」に対応させるために語群のなかで入りそうな動詞は chercher「さがす」しかありません。出題時の誤答例でひじょうに多かったのは、chercher を選択しながらも *cherchons* と現在形で解答してしまった例でした。時制をしっかり確認する習慣をつけましょう。

解答 (1) est mort　(2) continuent　(3) sort　(4) deviendra
(5) cherchions

練習問題 3

次の(1)～(5)について、**A**、**B** がほぼ同じ意味になるように、(　　　) 内に入れるのに最も適切なものを、下の語群から 1 つずつ選び、必要な形にして解答欄に書いてください。ただし、同じものを複数回用いることはできません。

(1) **A** D'après la météo, il fera beau demain.
B La météo (　　　) qu'il fera beau demain.

(2) **A** Il vous faudrait partir tout de suite.
B Vous (　　　) partir tout de suite.

(3) **A** La viande coûte de moins en moins cher depuis un an.
B Le prix de la viande (　　　) pendant un an.

(4) **A** Silence ! N'empêchez pas les enfants de dormir !
B Silence ! (　　　) le sommeil des enfants !

(5) **A** Tu iras à la gare dans la voiture de mon frère.
B Mon frère te (　　　) à la gare.

baisser	cesser	conduire	devoir
dire	produire	respecter	

(16 秋)

解説

(**1**) **A** D'après la météo, il fera beau demain.「天気予報によると、あしたは晴れるだろう」。**B** では文頭に La météo がきており、これが主語になります。d'après「～によれば」の言いかえであるということを考慮し、「天気予報は～と言っている」という意味内容になるよう、動詞 dire「言う」を選びます。ここでの適切な時制は現在で、dit が正解となります。ただし、この天気予報が発表された時点からある程度時間が経っている可能性もあるため、複合過去の a dit も正解となるでしょう。誤答としては、**A** の文の単純未来 fera に引きずられた、*dira* が考えられます。天気予報はすでに発表されているのが前提であり、これから天気予報が発表されるということになると話は変わってきますから、これは誤りです。

⑵ **A** Il vous faudrait partir tout de suite.「あなたはすぐに出かけなければならないでしょう」。falloir が条件法・現在形で用いられていることに注意しましょう。**B** の文では主語が Vous ですので、「～しなければならない」という意味になる動詞 devoir を選び、devoir を **A** の文と同様に条件法・現在形にすれば正解です。

⑶ **A** La viande coûte de moins en moins cher depuis un an.「1年前から肉がだんだん安くなっている」。**B** の文では主語が Le prix de la viande「肉の値段」となっていますので、内容から考えて、baisser「下がる」を選びます。問題は時制です。**A** では depuis un an「1年前から」が状態の持続を表わすために現在形になっていますが、**B** では pendant un an が過去「1年間」の結果を表わすため、現在完了的用法の複合過去形にする必要があります。Le prix de la viande (a baissé) pendant un an.「1年間で肉の値段は下がった」が正解です。現在形だと、「1年間で肉の値段は下がるものだ」という漠然とした一般論のニュアンスが出てきてしまい、実際に起きた個別の出来事ではなくなってしまいます。このように、前置詞のちがいは動詞の時制にも影響します。とくに depuis と pendant の用法は、前置詞を問う設問1だけでなく、動詞を問うこの設問4でもときおり出題されますので、しっかり区別して覚えておきましょう。〈depuis＋時間〉は多くの場合、現在形とともに用いられ、当該の状態が持続していることを表わし、〈pendant＋時間〉は多くの場合、複合過去形とともに用いられ、その期間に当該の出来事が完了していることを表わします。

⑷ **A** Silence ! N'empêchez pas les enfants de dormir !「静かに！子どもたちが眠るのをさまたげないでください」。**A** の文は vous に対する否定の命令文となっていますが、**B** では空欄の前後に ne ... pas がなく、主語もない

ため、肯定の命令文であると推測できます。また文の構成において目的語にあたる部分が、le sommeil des enfants「子どもたちの眠り」と名詞で表現されています。以上から、respecter「尊重する」を vous に対する命令として活用させれば正解です。

(**5**) **A** Tu iras à la gare dans la voiture de mon frère.「君はぼくの兄の車で駅に行くよ」。語彙自体は平易で問題はないでしょうが、ここで使われている dans には少し注意が必要です。これよって、「兄が運転する車のなかで」というニュアンスが出てきます。もしもこれが avec だったならば、「兄の車を使って」、すなわち「君が運転して」駅に行く、という意味合いになります。さて、このことを念頭に置いて選択肢を見ると、conduire「運転する、連れていく」があります。これを **A** と同じ単純未来形に活用させ、Mon frère te (conduira) à la gare.「ぼくの兄が車で君を駅に連れていくよ」とすれば正解となります。

解答 (1) dit (2) devriez (3) a baissé (4) Respectez (5) conduira

練習問題４

次の(1)～(5)について、**A**、**B** がほぼ同じ意味になるように、（　　　）内に入れるのに最も適切なものを、下の語群から１つずつ選び、必要な形にして解答欄に書いてください。ただし、同じものを複数回用いることはできません。

(1) **A** Elle n'avait pas de patience.
B Elle (　　　) de patience.

(2) **A** Faites-moi confiance.
B (　　　) sur moi.

(3) **A** Il leur a rendu visite.
B Il (　　　) les voir chez eux.

(4) **A** On peut voir le lac par cette fenêtre.
B Cette fenêtre (　　　) sur le lac.

(5) **A** Tu devrais être plus prudent.
B Il (　　　) que tu sois plus prudent.

aller	comprendre	compter	donner
falloir	manquer	mettre	

（17 春）

解説

(**1**) **A** Elle n'avait pas de patience.「彼女には忍耐心がなかった」。選択肢のなかで「欠如」を表現することのできる動詞は manquer 以外にありませんので、どの動詞を選ぶかに関してはミスが少なかったように思われます。

この動詞は 2 の **練習問題3** (2)に非人称構文 Il manque の形で出ていましたが、ここでの場合のように、〈 manquer de ＋無冠詞名詞 〉の用法もよく見られます。manquer を選んだうえで、**A** の文の時制が半過去ですので、manquer も半過去形 manquait に活用させれば正解が得られます。

ここでは〈 manquer de ＋無冠詞名詞 〉「〜が足りない」という定型表現が使われていますが、manquer はほかにもいくつかの構文をとりうる動詞なので、辞書で確認しておいてください。2 の **練習問題3** (2)に出ているように非人称構文 Il manque の形をとることもありますし、間接目的補語とともに La patience lui manquait.「彼女には忍耐心がなかった」、Il me manque.「私には彼が足りない（＝彼がいなくて私はさみしい）」のように言うこともできます。〈 manquer à ＋名詞 〉の形で「〜に違反する」の意味になるときがあります。Il a manqué à sa parole.「彼は約束を破った」。〈 ne pas manquer de ＋不定詞 〉「忘れないで〜する」もよく使われます。Je ne manquerai pas de t'appeler dès mon arrivée à Tokyo.「東京に着いたらすぐ忘れずに君に電話するね」。

(2) **A** Faites-moi confiance.「私のことを信頼してください」。この問題を解くには、**B** の (　　　) のうしろにある前置詞 sur がヒントになります。選択肢のなかで、前置詞 sur と結びついて、「信頼する」に近い意味を表現できるのは compter です。あとはこれを **A** に合わせて命令形にするだけです。**A** では Faites となっていますので、おなじく vous に対する命令である Comptez が正解となります。せっかく compter が正しく選択できても、tu に対する命令形 *Compte* や、それの s を落とし忘れた形 *Comptes* といった誤答があり得るので、気をつけましょう

manquer と同様 compter もさまざま用法をもつ動詞ですので、あらためて辞書で確認しておきましょう。とりわけ〈 compter ＋不定詞 〉「〜するつもりである」はひんぱんに使われますので、ぜひ習得しておいてください。たとえば、Je compte partir demain.「私はあした出発するつもりです」のように使います。

(3) **A** Il leur a rendu visite.「彼は彼らのもとを訪れた」。〈 rendre visite à ＋人 〉で「〜を訪ねる」という意味になることをまず確認してください。**B** の (　　　) のうしろに les voir ... とつづいていますが、voir が不定詞であるということがヒントになります。選択肢の動詞のなかで、うしろに前置詞

なしで不定詞が直接つづく可能性のある動詞は、aller、compter、falloir の3つです。**A** の文の時制が複合過去なので、それに合わせて、仮に compter と falloir を活用させると、それぞれ、Il a compté les voir chez eux.「彼は彼らの家で彼らに会うつもりだった」、Il a fallu les voir chez eux.「彼らの家で彼らに会わなければならなかった」（非人称構文）となり、いずれも「彼は彼らのもとを訪れた」とは大きくずれてしまいます。したがって、選択すべき動詞は aller であり、これを主語 Il に合わせて複合過去に活用させた形が正解です。**B** は Il (est allé) les voir chez eux.「彼は彼らに会いに彼らの家へ行った」となり、「彼らのもとを訪れた」とほぼ同じ意味になります。

(4)　**A**　On peut voir le lac par cette fenêtre.「その窓から湖が見えます」。ここも **B** の (　　　) のうしろにある前置詞 sur がヒントになります。すなわち、(　　　) のすぐうしろに動詞の目的語となる名詞がきていないことから、選択されるべき動詞は自動詞あるいは間接他動詞ではないかと推察することができます。とはいえ、ここでは、donner sur で「～に面している」という意味になることを前もって知っていたかどうかが大きなポイントになるでしょう。**A** の文の時制が直説法・現在なので、**B** も donner を主語 Cette fenêtre に合わせて直説法・現在形に活用させます。donne が正解で、Cette fenêtre (donne) sur le lac.「この窓は湖に面している」となります。ちなみに、間接他動詞としての donner の用例としてほかにも、Cette porte donne dans la cuisine.「このドアは台所に通じている」、Le salon donne au sud.「居間は南向きだ」などがあります。

(5)　**A**　Tu devrais être plus prudent.「君はもっと慎重にならないといけないよ」。**B** の (　　　) のうしろに que tu sois ... と接続法がきていることがヒントになります。選択肢の動詞のなかで、義務の観念を表現し、かつそのうしろに接続法を要求する動詞は falloir しかありません。**A** の文が条件法・現在なので、falloir を非人称の主語 Il に合わせて条件法・現在形に活用させます。faudrait が正解です。**B** Il (faudrait) que tu sois plus prudent.「君はもっと慎重になる必要があるだろう」となります。この場合の条件法は、非現実の事柄を表わす用法というよりも、語調の緩和ととらえればよいでしょう。

解答　(1) manquait　(2) Comptez　(3) est allé　(4) donne
(5) faudrait

練習問題 5

次の(1)～(5)について、A、B がほぼ同じ意味になるように、(　　) 内に入れるのに最も適切なものを、下の語群から 1 つずつ選び、必要な形にして解答欄に書いてください。ただし、同じものを複数回用いることはできません。

(1) **A** Il faudra avoir de la patience pour faire ce travail.
B Ce travail (　　) de la patience.

(2) **A** Il ne t'est pas permis de fumer chez moi.
B Je te (　　) de fumer chez moi.

(3) **A** Je te conseille de ne rien cacher.
B Il vaut mieux que tu (　　) tout.

(4) **A** Nadine faisait des efforts inutiles pour persuader ses parents.
B Nadine (　　) en vain de persuader ses parents.

(5) **A** Pourquoi il n'a pas pu venir chez moi ?
B Qu'est-ce qui l'(　　) de venir chez moi ?

arriver	défendre	demander	
dire	empêcher	essayer	perdre

(18 秋)

解説

(1) **A** Il faudra avoir de la patience pour faire ce travail.「この仕事をおこなうには忍耐力が必要となるだろう」。まず **B** の文の主語が Ce travail とな

っていることに注目します。主語の「この仕事」と、部分冠詞の付いた直接目的補語の「忍耐力」とをつなぐのは、**A** の文の内容にかんがみて、「要求する」を表わす動詞だろうと推測します。選択肢のなかで「要求」を表わす動詞は demander 以外にありません。そのうえで、**A** の文の時制は単純未来ですから、それに合わせて demander を単純未来形 demandera に活用させれば正解となります。

(2)　**A**　Il ne t'est pas permis de fumer chez moi.「君は私の家でたばこを吸ってはいけないよ」。これも **A** と **B** で主語がことなっています。**A** の文では非人称構文〈 il est permis à ＋人 de ＋不定詞〉「〔人〕にとって～することが許可されている」が用いられており、否定文になっていますので、「許可されていない」すなわち「禁止されている」ということになります。**B** の文の主語は Je ですので、「私は君に対して私の家でたばこを吸うことを禁止する」とすれば、**A** の文とほぼ同じ意味になると言えます。選択肢で「禁止」を表現できるのは défendre です。**A** の文は受動態ですが、文意に則して能動態になおし、法・時制は **A** と同じ直説法・現在にします。したがって正答は défends となります。

(3)　**A**　Je te conseille de ne rien cacher.「なにも隠さないほうがいいよ」。選択肢には「隠す」を意味する動詞が見あたりませんので、ここでは発想を転換する必要があります。**B** の文を見ると、Il vaut mieux que tu (　　) tout.「すべてを（　　）したほうがいいよ」となっていますので、ここでは「隠す」とは逆の意味の動詞を選ばなくてはならないことがわかります。すると答えは dire「言う」です。この問題でむずかしいのは活用です。Il vaut mieux que ... の従属節のなかですので、動詞は接続法にしなくてはなりません。したがって正答は dises となります。接続法は文法の教科書の最後のほうで簡単に触れられるだけの場合もありますし、活用もとくに -er 動詞は直説法・現在形と似ているため、ついおろそかになりがちですが、日常会話でも意外とよく使われます（たとえば〈 il faut que ＋接続法〉など）。準２級ではこうした活用まできっちり問われますので、ぜひ復習をしておいてください。

(4)　**A**　Nadine faisait des efforts inutiles pour persuader ses parents.「ナディーヌは両親を説得しようと無駄な努力をしていた」。**B** の文の en vain は

「無駄に、むなしく」を表わす熟語です。これと組み合わせる形で、無駄に「努力する」を表現できる動詞は essayer です。**A** の文の法・時制は直説法・半過去ですから、ここはすなおに essayer を直説法・半過去形に活用させれば正答 essayait が得られます。

(5) **A** Pourquoi il n'a pas pu venir chez moi ?「どうして彼は私の家に来られなかったの？」**B** の文を見ると、Qu'est-ce qui l'(　　　) de venir chez moi ? となっており、主語が「何」を表わす疑問詞に、**A** の文の主語だった il は直接目的補語の l' (le) になっていますので、空欄には「さまたげる」あるいは「不可能にする」などを意味する動詞が入ることが推測できます。選択肢中で多少とも可能性があるのは défendre と empêcher ですが、(2)で見たように、défendre は〈défendre à ＋人 de ＋不定詞〉「〔人〕が～するのを禁じる」の形で用いられますので、「彼」を表わす人称代名詞は直接目的補語 le ではなく間接目的補語 lui でなくてはなりません。したがってここでは〈empêcher ＋人 de ＋不定詞〉「〔人〕が～するのをさまたげる」のほうが適切です。**A** の文の法・時制は直説法・複合過去ですから、それに合わせて a empêché が正答となります。ただし半過去形 empêchait であっても、エリジョンもふくめ文法的にまちがいではありませんし、意味としても **A** とほぼ同じ意味になりますので、正解です。

解答 (1) demandra　(2) défends　(3) dises　(4) essayait
(5) a empêché / empêchait

4

対話のなかの空欄にもっとも適切な疑問代名詞、関係代名詞、不定代名詞、疑問形容詞、不定形容詞などを入れる問題です。選択式問題で、問題数 5、選択肢数 7、配点は各問 2 点、合計 10 点です。

5 級の代名詞問題から、4 級、3 級と段階的に出題範囲と難易度をあげてきた、この分野の最終段階の文法問題です。ここでは、3 級以下では出題されることのない不定代名詞、auquel、desquelles などの複合形、そして疑問形容詞、不定形容詞も出題されます。対話の形にして判断の手がかりをふやしていますが、3 級までの問題とくらべて、出題範囲は拡大し、難易度もかなり上昇しています。空欄はたいてい対話の 2 つ目の文中にありますが、最初の文中にあることもあります。

さて、この問題の対策についてですが、大きく 2 つの点にしぼって説明します。1 点目として、この問題で出題の対象となる語は、じつはそれほど多くはなく、その数は限られています。たしかに、たとえば、lequel、laquelle、lesquels、lesquelles などは、4 つの別の形のように見えますが、性・数のちがいがあるだけで、同じ 1 つの疑問代名詞あるいは関係代名詞と考えることができます。とにかく、まずはその限られた数の出題対象語をリストアップし、性・数のあるものはそれでひとまとめにして、体系的に覚えてしまうことです。2 点目として、出題対象語は、用法もかなり限定されています。この点では、おなじく数が限られている前置詞にくらべて大きなちがいがあります。前置詞のなかには、ひじょうに多様な用法をもつものがいくつかありますが、ここで問われる関係代名詞や不定代名詞には、ひとつで多様な用法をもつものはなく、また一般に、文中で前置詞ほどひんぱんに現れるものでもありません。以上 2 点から言えるのは、この設問では、一定の期間をおいて、ほぼ同様の問題が、繰り返し出題されるということです。それは、受験対策としては取り組みやすいということでもあります。過去問題をしっかり勉強しておけば、確実に得点できます。こうした受験対策によって、実際確実に得点を重ねることができたら、それはこの種の語とその用法に習熟したという学習効果の表われと言えます。この設問に関しては、過去問題ができたかできなかったかが、習熟度の目安となるでしょう。

この問題を解くためには、まず文意をしっかり理解する必要がありますが、空欄の前後にある要素の性・数なども重要な手がかりになります。実例に則して具体的に解説するために、**練習問題 1** では、これまでに出題されたなかで、いかにもこの問題らしい特徴をもつものを選んで取り上げました。これらはみな、ややむずかしい問題例です。実際の 1 回の試験で、このようにむずかしい問題が集中して出題されることはありません。ひとつのセット全体の一般的な難易度は、**練習問題 2**、**練習問題 3**、**練習問題 4**、**練習問題 5** 程度です。

練習問題 1

次の対話(1)～(5)の（　　）内に入れるのに最も適切なものを、下の①～⑦のなかから１つずつ選び、解答欄のその番号にマークしてください。ただし、同じものを複数回用いることはできません。なお、①～⑦では、文頭にくるものも小文字にしてあります。

(1) — Comment avez-vous trouvé son dernier film ?
— J'ai trouvé excellente la façon (　　　) il parle de son pays. (17春)

(2) — J'ai vu mon ancien collègue Marc, hier.
— Marc ? (　　　) devient-il ? (14春)

(3) — Tu as retrouvé ton portefeuille ?
— Non, je ne le trouve (　　　). (15春)

(4) — Tu es libre jeudi ?
— Désolé, le jeudi, c'est le jour (　　　) je dîne avec ma nièce. (15春)

(5) — Vous connaissez monsieur Martin ?
— Oui, c'est (　　　) de nos meilleurs amis. (13春)

① dont　② nulle part　③ où　④ que
⑤ quoi　⑥ rien　⑦ un

解説 それぞれの問いに、最初の会話文の日本語訳を提示したうえで、それに応答する次の会話文の空欄に入るものについて考えていきましょう。

(1) Comment avez-vous trouvé son dernier film ?「彼の最新作の映画をどう思いましたか」と尋ねる質問に対して、相手はJ'ai trouvé excellente la façon (　　) il parle de son pays.「自分の国を語る彼のやり方がすばらしいと思いました」と答えています。façon は「仕方、やり方、流儀」を意味する名詞で、しばしば前置詞 de と組み合わせて、d'une façon élégante「上品なやり方で」、de sa façon「自分なりの仕方で」などのように用いられます。ここでは空欄のうしろに文がきていますので、〈 de + 先行詞 〉を表わす関係代名詞①dont を入れます。〈 la façon dont + 文 〉で、「〜する仕方」という意味の表現になります。たとえば、la façon dont elle parle は「彼女の話し方」、la façon dont il procède は「彼のものごとの進め方」となります。façon を manière に置きかえてもほぼ同じ意味になります。

(2) J'ai vu mon ancien collègue Marc, hier.「きのうかつての同僚のマルクに会ったよ」と言うのをうけて、Marc ? (　　) devient-il ?「マルク？彼はどうしているの」と尋ねています。自動詞 devenir「〜になる」のあとにくるべき属詞がないので、空欄には属詞が入ると予想されます。疑問文で、空欄は動詞の直前にありますから、疑問代名詞④que が入ります。出題時には⑤quoi を選んでしまった答案も多く見られました。que と quoi の使い方を混同しないよう注意しましょう。疑問代名詞の que は、基本的に倒置疑問文の文頭、動詞の直前に置きます。動詞のあと、前置詞のあと、〈 de + 形容詞 〉があとにつづく場合、または単独で用いる場合には、quoi を用いて、C'est quoi ?「それは何？」、Tu parles de quoi ?「何話してるの？」、Quoi de neuf ?「何か真新しいことは？」のようになります。なお、しばらく会わなかった人へのあいさつとして、Que devenez-vous ? / Qu'est-ce que vous devenez ?「その後お変わりありませんか？」という表現があります。

(3) Tu as retrouvé ton portefeuille ?「財布はみつかった？」という質問に対して、Non, je ne le trouve (　　).「いいや、どこにも見あたらない」と答えています。ne があるので否定文であることはすぐにわかります。選択肢に pas があるなら、je ne le trouve pas「私はそれをみつけていない」ということになりますが、pas はありませんので、否定のヴァリエーションのいずれかに相当する語句をさがします。⑥rien も否定文を構成する要素になりえますが、le「それ（＝財布）を」という直接目的補語がすでに動詞 trouve の前にあるため、形式的に不可能です。正解は②nulle part です。結局ポイントは、ne ... nulle part「どこにも〜ない」という表現を知っているかどうかでしょう。quelque part「どこかに」と対にして覚えておきましょう。

(**4**) Tu es libre jeudi ?「木曜日は暇？」という質問に対して、Désolée, le jeudi, c'est le jour (　　　) je dîne avec ma nièce.「ごめんなさい。木曜日は姪と夕食を食べる日なの」と答えています。まず、c'est le jour「それは日である」と話の主題を提示していることに注意しましょう。そして、問題となっている名詞 jour がどのような「日」であるのかを、関係代名詞以下の文 je dîne avec ma nièce で説明しているわけです。選択肢を見ると、関係代名詞の候補としては①dont、③où、④que があります。où は「場所」を表わす名詞だけでなく、jour のように「時」を表わす名詞も先行詞にとることができます。これを知っていることが、本問を解くうえでのポイントになります。(1) で見たように、dont は〈de ＋先行詞〉を表わす関係代名詞ですが、je dîne avec ma nièce という文のなかに前置詞 de を介して jour と結びつく要素はありませんので、ここには入りません。また、ここでは dîne は自動詞ですので、先行詞を直接目的補語とする関係代名詞 que もやはり不可能です。

(**5**) Vous connaissez monsieur Martin ?「マルタンさんを知っていますか？」と尋ねられて、知っていると答え、さらに c'est (　　　) de nos meilleurs amis.「私たちの最良の友人のうちのひとりです」とくわえています。空欄のあとにある de nos meilleurs amis がポイントです。この語句が空欄に入るべき代名詞を限定しています。正解は⑦un です。〈un(e) de ＋複数名詞〉「〜のうちのひとり（ひとつ）」は、基本的な表現ですので、ぜひ覚えておきましょう。この **練習問題 1** は複数の回から問題を抜き出していることもあり、ほかに競合する選択肢はありませんでしたが、実際の試験では aucune、le mien、lequel などがありました。定型表現、品詞、形式（nos meilleurs amis が男性・複数であること）、文の内容といった知識・情報を手がかりに総合的な判断をしないと、正しい答えをみちびきだすことはできないでしょう。

解答　(1) ①　(2) ④　(3) ②　(4) ③　(5) ⑦

練習問題 2

次の対話(1)〜(5)の（　　）内に入れるのに最も適切なものを、下の①〜⑦のなかから 1 つずつ選び、解答欄のその番号にマークしてください。ただし、同じものを複数回用いることはできません。なお、①〜⑦では、文頭にくるものも小文字にしてあります。

(1) — Ces deux chiens se battent depuis un moment.
— (　　　) des deux est le plus fort ?

(2) — C'était comment, ton séjour à Londres ?
— Bien. Mais (　　　) était cher là-bas.

(3) — Les lunettes de Pauline sont magnifiques.
— Oui, mais je préfère (　　　) de Lydie.

(4) — Qui est votre directeur ?
— C'est la personne à (　　　) vous parliez tout à l'heure.

(5) — Tu n'es jamais d'accord avec nous !
— Mais si ! J'ai accepté (　　　) de vos idées.

① autre　② celles　③ celui　④ lequel
⑤ quelques-unes　⑥ qui　⑦ tout

（15 秋）

解説 (1) Ces deux chiens se battent depuis un moment.「この 2 匹の犬はさっきからけんかをしている」と言われて、(　　　) des deux est le plus fort ?「2 匹のうちどちらが強いですか」と応じています。男性名詞 chien をうけ、3 人称・単数形 est に対応し、なおかつ「どれ」を表わすことができるのは、疑問代名詞④lequelです。

(2) C'était comment, ton séjour à Londres ?「ロンドンでの滞在はどうだった」と聞かれて、Bien. Mais (　　) était cher là-bas.「よかったよ。でも向こうではすべてが高かった」と答えています。動詞がétaitという3人称・単数形なので、主語も単数ということがわかります。①autre、③celui、④lequel、⑥qui、⑦toutはいずれも単数扱いですが、形式（冠詞がない、疑問文ではない）および内容（快適な滞在ではあったけれども「高かった」）にかんがみて、空欄に入りうるのは、不定代名詞⑦toutだけです。toutは、意味的には「全部、全体」を表わしますが、これに対応する形容詞は男性・単数形にします。

(3) Les lunettes de Pauline sont magnifiques.「Paulineのめがねはすばらしいね」という発言に対して、Oui, mais je préfère (　　) de Lydie.「うん、でも私はLydieのめがねのほうが好き」と応じています。同じ語の繰り返しを避けるため、空欄にはlunettesをうける代名詞が入ります。de Lydieという限定する語句がつづいていますので、指示代名詞で、複数形の女性名詞lunettesに対応する②cellesが正解ということになります。同じ指示代名詞でも、③celuiは男性・単数形なので入りません。

(4) Qui est votre directeur ?「あなたの部長はどなたですか」と聞かれて、C'est la personne à (　　) vous parliez tout à l'heure.「あなたが先ほどお話ししていた人です」と答えています。まず、〈 parler à + 人 〉「〔人〕に話す」という熟語を確認しておきましょう。à以下が関係代名詞になり、それが人を表わす場合はquiを用います。正解は⑥quiです。

(5) Tu n'es jamais d'accord avec nous !「君は私たちにけっして同意しないんだね！」と非難をされて、Mais si ! J'ai accepté (　　) de vos idées.「とんでもない！君たちの案のうちいくつかは受け入れた」と言い返しています。つまり、「けっして同意しない」という全面否定に対して、「いくつかは受け入れた」と部分肯定で応戦しています。空欄のうしろのdeは「～のうちの」を意味しています。「いくつか（のもの）」を表わす不定代名詞⑤quelques-unesが正解です。ここではidéesに合わせて女性・複数形になっていますが、もし男性・複数のものをうけるならquelques-unsです。

解答　(1) ④　(2) ⑦　(3) ②　(4) ⑥　(5) ⑤

練習問題 3

次の対話(1)～(5)の（　　）内に入れるのに最も適切なものを、下の①～⑦のなかから１つずつ選び、解答欄のその番号にマークしてください。ただし、同じものを複数回用いることはできません。

(1) — Comment est votre voisine ?
— Notre voisine, madame Legrand, est (　　　) de très gentil.

(2) — Il y a ici toutes sortes de robes.
— C'est vrai, je ne sais pas (　　　) choisir.

(3) — Je n'ai pas de nouvelles de Paul depuis trois jours.
— Il lui est arrivé (　　　) ?

(4) — Je ne vois pas bien le mont Fuji d'ici.
— Je connais un endroit (　　　) vous aurez une vue magnifique.

(5) — Ton père n'a pas encore dit à ses amis qu'il était malade ?
— Si, (　　　) d'entre eux le savent déjà.

① celui　② certains　③ d'où　④ laquelle
⑤ personne　⑥ quelque chose　⑦ quelqu'un

（17 秋）

解説 (1) Comment est votre voisine ?「あなたがたの隣人はどんな人ですか」と問われて、Notre voisine, madame Legrand, est (　　　) de très gentil.「私たちの隣人であるルグラン夫人は、とても親切な人です」と答えています。空欄の直後に前置詞 de があり、さらに très gentil という形容詞句がつづいています。Notre voisine, madame Legrand は女性であるにもかかわらず、ここでは gentil と男性・単数形になっています。このことが問題を解くうえで大きなヒントとなります。前置詞 de と形容詞の男性・単数形をしたがえる不定代名詞で、「人」を表わす⑦quelqu'un が正解です。⑤personne を選んでしまった受験者がいましたが、personne は ne とともに用いられて「だれも～ない」という否定の意味になります。personne が「人」という肯定的な意味になるのは、不定冠詞、定冠詞、数詞などが付く場合に限られます。1 **練習問題 2** (3)の解説でもふれましたが、おなじく〈de + 形容詞の男性・単数形〉をしたがえる不定代名詞で、「物事」を表わすのは quelque chose、そしてその否定は rien です。

(**2**) Il y a ici toutes sortes de robes.「ここにはあらゆる種類のドレスがそろっているね」という発言に対して、C'est vrai, je ne sais pas (　　) choisir.「そうね、どれを選ぶべきかわからないわ」と答えています。会話の流れから、空欄には「どれを」という意味の語句が入るだろうと考えて選択肢に目をやると、④laquelle がみつかります。laquelle は「どれ」を表わす疑問代名詞で、robe「ドレス、ワンピース」という名詞をうけて女性・単数形になっています。なお、この場合のように、je ne sais pas などにつづく間接疑問文で、〈疑問詞＋不定詞〉という構文が用いられることがあります。たとえば、Je ne sais pas comment faire.「どうすればよいかわからない」、Je ne sais pas quoi dire.「なんと言えばよいかわからない」、Je ne sais pas à qui remettre cette lettre.「この手紙をだれに渡せばよいかわからない」などのようになります。⑥quelque chose は不定代名詞であり、直後に不定詞をしたがえて間接疑問文の一部を構成するような用法はありません。

(**3**) Je n'ai pas de nouvelles de Paul depuis trois jours.「3 日前から Paul の知らせがない」という発言に対して、Il lui est arrivé (　　)?「彼に何かあったの？」と応じる会話です。空欄には、Paul の知らせがないことの理由にあたる語句が入るはずです。正解は⑥quelque chose「何か」です。間接目的補語 lui があることから、〈il arrive à ＋人＋物事〉「〔人〕に～が生じる、起こる」という非人称構文を見てとるのがこの問題を解くポイントと言えます。

(**4**) Je ne vois pas bien le mont Fuji d'ici.「ここからは富士山がよく見えないね」という発言に、Je connais un endroit (　　) vous aurez une vue magnifique.「私は素晴らしい景色が見える場所を知っています」と返す会話です。空欄前後の「場所」と「素晴らしい景色が見える」の関係を内容的に考えると、空欄以下の部分は un endroit を先行詞とする関係代名詞節であろうと推測できます。ただし、空欄以降には主語も直接目的補語もありますので、qui、que 以外の関係代名詞が入ります。これらの情報にかんがみて、選択肢のなかで適当なのは、「そこから」を表わす③d'où ということになります。④laquelle も関係代名詞になりえますが、先行詞の endroit と性・数が一致しませんし、そもそも入れても意味が通りません。

(**5**) Ton père n'a pas encore dit à ses amis qu'il était malade ?「君のお父さんは、自分が病気だということを友人たちにまだ告げていないの？」という問いに対して、Si, (　　) d'entre eux le savent déjà.「いいや、そのうちの何人かはすでに知っているよ」と答えています。否定疑問文に対して肯定を表わす si が文頭にありますので、空欄に入るのは、「お父さん」の病気のことをすでに知っている友人たちの一部を表わす語句と推測されます。②certains と⑦quelqu'un が候補としてあがりますが、3 人称・複数に活用している動詞 savent と適合する②certains が正解です。

解答　(1) ⑦　(2) ④　(3) ⑥　(4) ③　(5) ②

練習問題４

次の対話(1)～(5)の（　　）内に入れるのに最も適切なものを、下の①～⑦のなかから１つずつ選び、解答欄のその番号にマークしてください。ただし、同じものを複数回用いることはできません。なお、①～⑦では、文頭にくるものも小文字にしてあります。

(1) — Alex va venir avec qui ?
— J'ai invité toute sa famille, (　　) compris ses grands-parents.

(2) — J'ai acheté ce chapeau hier.
— Il est joli ! Je voudrais le (　　).

(3) — On a assez de chaises ?
— Non, (　　) en manque encore une.

(4) — Tes camarades ont passé l'examen ?
— Oui, mais (　　) d'entre eux n'a réussi.

(5) — Vous connaissez cet homme ?
— Oui. Je crois que je l'ai déjà vu (　　).

① aucun　② dont　③ il　④ même
⑤ quelque part　⑥ quoi　⑦ y

(16 秋)

解説 (1) Alex va venir avec qui ?「Alex はだれと来ますか」と問われて、J'ai invité toute sa famille, (　　) compris ses grands-parents.「彼の祖父母をふくめ、私は彼の家族全員を招待しました」と応じています。comprendre

は「理解する」のほかに「ふくめる」という意味があり、その過去分詞と中性代名詞 y を合わせると、y compris「〜をふくめて」という熟語になります。したがって⑦y が正解です。②dont はあとには文がくるはずですから、文法的に不可能です。このように文法的・形式的に消去法で答えをみちびきだすことも可能ですが、この問題を解くにはやはり y compris という熟語を知っているかどうかがポイントになります。

(2) J'ai acheté ce chapeau hier.「きのうこの帽子を買ったんだ」と言われて、Il est joli ! Je voudrais le (　　　).「きれいだね。私も同じものが欲しいな」と答えています。le という男性の定冠詞が空欄の前に付いていること、かつ帽子を指すであろうことを考え合わせると、le même「同じもの」とすればよいことがわかります。④même が正解です。①aucun も③il も男性・単数ではありますが、aucun は否定を表わす語ですし、il は人称代名詞の主語の形です。また、いずれも語頭が母音ですので、仮に空欄に入れたとしても、le とエリジョンしなければならなくなります。この問題にかぎらず、冠詞や補語人称代名詞がエリジョンするかしないかがヒントになることもありますので、次にくる語の語頭にも十分注意するようにしましょう。

(3) On a assez de chaises ?「いすは十分にありますか？」という問いに対して、Non, (　　　) en manque encore une.「いいえ、まだ 1 脚足りません」と答えています。ここでの中性代名詞 en は「いす」を指しており、その数を表わす une は女性名詞の chaise に合わせて女性形になっています。空欄が主語の位置にあること、また 2 **練習問題 3** (2) でも見たように、manquer「足りない」という動詞は非人称構文を取れることから、正解は③il となります。非人称主語の il に関しては、〈il arrive à ＋人＋物事〉「〔人〕に〜が生じる、起こる」il reste「〜が残っている」(3 **練習問題 1** (4)) など、非人称構文を取ることができる動詞をリストアップして覚えるといいでしょう。

(4) Tes camarades ont passé l'examen ?「君の仲間は試験を受けたの？」と聞かれて、Oui, mais (　　　) d'entre eux n'a réussi.「うん、でも彼らのうちのだれも合格しなかった」と答えています。否定の ne はあるものの、pas がないことに気づけば、この問題は容易に解けるはずです。選択肢のなかで、否定文の構成要素になりうるのは、①aucun「だれも（なにも）〜ない」だけです。aucun(e) は否定を表わす形容詞として名詞の前に置かれることもありますが、空欄の直後に名詞ではなく d’entre eux という前置詞句がつづいていることから、この場合は不定代名詞で、文の主語になっていることがわかります。

(5) Vous connaissez cet homme ?「あなたはこの男を知っていますか？」と尋ねられて、Oui. Je crois que je l’ai déjà vu (　　　).「はい。彼をすでにどこかで見たことがあると思います」と返事しています。que 以下の従属節には主語も直接目的補語もありますので、空欄にはおそらく名詞や形容詞ではなく、副詞的な要素が入るだろうと予測します。あたえられた選択肢のうち、空欄に意味的にも文法的にも問題なく入りうるのは、⑤quelque part「どこかで」です。quelque part は一見すると名詞のようにも見えますが、副詞句として辞書の見出し語になっています。ちなみに、**練習問題 1** (3) で見たように、これと対になる否定表現は nulle part です。

解答　(1) ⑦　(2) ④　(3) ③　(4) ①　(5) ⑤

練習問題 5

次の対話(1)～(5)の（　）内に入れるのに最も適切なものを、下の①～⑦のなかから 1 つずつ選び、解答欄のその番号にマークしてください。ただし、同じものを複数回用いることはできません。なお、①～⑦では、文頭にくるものも小文字にしてあります。

(1) Elle est vraiment très riche, n'est-ce pas ?
Oui. Elle achète tout (　　　) qu'elle veut.

(2) Il reste encore beaucoup de gâteaux ?
Non, il n' (　　　) reste qu'un.

(3) Mes ciseaux sont cassés.
Tenez, utilisez (　　　) .

(4) Monsieur, vous allez prendre quel pantalon ?
(　　　) qui se trouve au milieu.

(5) Qui a réussi, Anne ou Marie ?
Ni l' (　　　) ni l'autre.

① aucune	② ce	③ celui	④ en
⑤ les miens	⑥ une	⑦ y	

（18 秋）

解説 (1) Elle est vraiment très riche, n'est-ce pas ?「彼女は本当にすごいお金もちなんだよね？」と尋ねる質問に対して、相手は Oui. Elle achète tout (　　　) qu'elle veut.「うん、彼女は欲しいものすべてを買うんだ」と答えています。関係代名詞 que (qu') の先行詞にあたる部分が空欄になっており、さらにその前にtout「すべて」がおかれていますので、ここに入るのは指示代名詞②ceで、tout ce que ...「〜のすべて」という定形表現を構成しています。ちなみに関係代名詞が主語になっている場合はtout ce qui ... になります。

(**2**) Il reste encore beaucoup de gâteaux ?「まだたくさんお菓子残ってる？」という質問に対し、Non, il n'(　　　) reste qu'un.「いや、1つしか残ってないよ」と答えています。つまりここで問われているのはgâteauxをどのような代名詞でうけるか、ということですが、質問の文ではbeaucoup de gâteauxと数・量を表わす語句の付いた形で出てきます。したがってここでは、中性代名詞④enでうけるのが正解です。これは空欄の前におかれる否定のneがエリジョンされた形n'になっていることとも合致します。数・量を明確化するために付け加えられる語句が文末にきていることにも注意してください。中性代名詞enはこの問題のように〈数・量を表わす語句＋名詞〉のほか、〈部分冠詞／不定冠詞＋名詞〉、〈de＋場所〉「〜から」、deを要求する動詞の間接目的補語（たとえば〈parler de＋名詞〉→ en parler）などをうけ、動詞の直前におかれます。しっかり復習しておきましょう。

(**3**) Mes ciseaux sont cassés.「私のハサミは壊れているんです」という発言に対して、相手はTenez, utilisez (　　　).「どうぞ、（　　）を使ってください」と答えていますので、ここに入るのは「ハサミ」を表わす代名詞です。選択肢のなかで男性名詞の複数形ciseauxをうけられるのは⑤les miensだけですから、これが正解でTenez, utilisez (les miens).「どうぞ、私のハサミを使ってください」というやりとりができあがります。ciseauxという名詞の性を知らなかった場合でも、形容詞cassésを見れば、男性名詞かつ複数であることが確認できます。このように文中に見つけられるヒントも見のがさないようにしましょう。

(**4**) Monsieur, vous allez prendre quel pantalon ?「お客様、どちらのズボンになさいますか」というお店での会話でしょうか。この質問に対して、(　　　) qui se trouve au milieu.「真ん中にあるものにします」と答えています。空欄のあとに関係代名詞quiがおかれていますので、先行詞となるものが必要です。しかもここではpantalonを指す代名詞が必要ですから、選択肢のなかであてはまるのは③celuiということになります。celuiは性・数および単数・複数の区別がある指示代名詞で、この問題のようにすでに出てきた名詞の繰り返しを避けるために使われたり、あるいはcelui qui ...、ceux qui ... のような形で「〜する人」を意味することもあります。またcelui-ciやcelui-làのように -ci / -làをともなって、「こちら（のもの）」／「あちら（のもの）」、（文章中で）近くにあるもの／遠くにあるもの（後者／前者）を表わすことがあります。いずれにしてもceluiはなんらかの限定をともなって使われる語です。これを機会に覚えておきましょう。

(**5**) Qui a réussi, Anne ou Marie ?「だれがうまくいったの？アンヌそれともマリー？」という質問に対して、Ni l'(　　) ni l'autre. と答えています。ni A ni Bは、「AもBも〜ない」という否定表現で、Bの部分にはl'autre「もう片方」とありますから、Aの部分にも「片方」を意味する語が入って、「どちらもだめだったんだよ」となることが推測されます。アンヌもマリーも女性ですので、選択肢のなかでこれにあてはまるのは⑥uneです。l'un(e) ... l'autreという表現、あるいはautreと対になるのはun(e) だということを知っていればわかりやすかったかもしれません。類似した表現として、l'un(e) et l'autre「どちらも、両方とも」、l'un(e) ou l'autre「どちらか一方」があります。また、2人で、あるいは複数人からなる2つのグループで「お互いに」を表わす場合は、l'un (e) l'autre、les un(e)s les autresとなります。動詞の用法によっては間に前置詞が入ることもあります（たとえばl'un à l'autre)。合わせて覚えておきましょう。

解答　(1) ②　(2) ④　(3) ⑤　(4) ③　(5) ⑥

5

長文中の空欄に入れるのにもっとも適切な語句を、あたえられた選択肢のなかから選ぶ問題です。選択式問題で、問題数5、選択肢数各3、配点は各問2点、合計10点です。

ある程度の長さの文章を、論理的展開を理解しながら読み進めていく力を測る問題です。長文といっても、準2級ではまだそれほど長いものではありませんし、空欄に入れるべき選択肢も、文の一部である語か句、あるいは短い文なので、慎重に文脈をたどっていけば、混乱してしまうようなことはありません。順に読み進めていけばよいのですが、判断の根拠となる箇所は、空欄の前にあるとはかぎらず、うしろにあることもありますので注意しましょう。空欄の前の状況だけでは複数の選択肢が入る可能性があって、1つにしぼれないような場合は、そこであれこれ解釈のつじつまを合わせようとして時間を費やさずに、空欄の先を読んでいけば判断がつく場合もあります。ただし、理由や原因が、car「というのも」などの接続詞で明示されているとはかぎりません。

出題される長文は、経済・社会・文化などに関する話題を、3人称の文体で述べるものです。新聞などの記事として取り上げられるような話題が多いのですが、準2級では、いわゆる時事用語の知識が必要とされるわけではありません。準2級の語彙レベルを超えるような単語にはちゃんと注がついています。ですが、日本語でも別の言語でも、日ごろから新聞の報道記事などに慣れ親しみ、ある程度の社会的関心をもつことは大切ですし、まとまった文章を理解する訓練は、仏検の受験対策としても効果的です。

3つの選択肢から1つを選ぶ場合、社会常識からしてこれだろう、といった先入観にとらわれた選択をしないことが肝要です。あくまでも、文章中に判断根拠を求めながら、文意に則して、論旨に沿って、読み進めていくことが解答への道です。また、たとえば、3つの選択肢のうち2つが否定文で1つが肯定文の場合、正解は2つの否定文のどちらかではないか、あるいは、正解は1番長いものではないか、というような、あてずっぽうはやめましょう。そうした文型や長さなどによる形式的選択方法は、まったくあてになりません。

練習問題 1

次の文章を読み、(1)～(5)に入れるのに最も適切なものを、それぞれ右のページの①～③のなかから 1 つずつ選び、解答欄のその番号にマークしてください。

Aujourd'hui, il y a de plus en plus de Français qui mangent des aliments* cultivés près de chez eux. Ils (1) les fruits et les légumes qui arrivent de très loin. Mais (2) préfèrent-ils les aliments de leur région ? Voici les avantages de ce choix.

Tout d'abord, lorsqu'un camion apporte de loin des fruits et des légumes, cela produit beaucoup de gaz et c'est mauvais pour l'environnement. (3), en achetant des aliments locaux**, on respecte la nature. De plus, on (4) la qualité des choses qu'on achète : quand on choisit directement chez les agriculteurs*** de sa région, on peut leur demander comment les fruits et les légumes sont cultivés. Enfin, (5) soutenir l'économie locale, parce que nous achetons des aliments aux agriculteurs qui travaillent près de chez nous.

*aliment : 食物
**local : 地元の
***agriculteur : 農家

(1) ① achètent surtout
② évitent ainsi
③ préfèrent donc

(2) ① par quel moyen
② pourquoi
③ quand

(3) ① Au contraire
② Avant cela
③ Par hasard

(4) ① apprend moins
② connaît mieux
③ ignore toujours

(5) ① cela nous empêche de
② cela nous permet de
③ il faut absolument

（15 春）

解説 環境や地元経済に配慮した「地産池消」が話題になっています。

第１段落では、最初の文で「今日では、自宅の近くで栽培された食物を食べるフランス人がふえている」という文章全体のテーマが導入されています。そのあとで、Ils (1) les fruits et les légumes qui arrivent de très loin.「フランス人たちはひじょうに遠くから到着するくだものと野菜を（ 1 ）する」と最初の問題がきます。ここでは près de chez eux と de très loin の対比に着目しましょう。「自宅の近くで栽培される食物」を食べる人はふえているのですから、その反対に「遠くから運ばれてくる食物」を食べる人は減っているのだろうと予想がつきます。よって正解は、①achètent surtout「とりわけ〜を買う」でも、③préfèrent donc「したがって〜を好む」でもなく、②évitent ainsi「こうして〜を避ける」となります。

次の文は、Mais (2) préfèrent-ils les aliments de leur région ?「しかし、彼らは自分たちの地方の食物を（ 2 ）好むのか？」となっています。さらに、そのあとの文は Voici les avantages de ce choix.「この選択の利点は以下のとおりだ」となっています。ここから、地元の食物を好むことの理由が問題になっていることがわかります。したがって ①par quel moyen「いかなる手段によって」でも、③quand「いつ」でもなく、正解は ②pourquoi「なぜ」ということになります。

第2段落は、「まず最初に、トラックが遠くからくだものと野菜を運んでくるときに、そのことがたくさんのガスを発生させ、環境に悪い」という文で始まっています。その次に、(3), en achetant des aliments locaux, on respecte la nature.「(3)、地元の食材を買いながら、人々は自然を大切にしている（地元の食材を買うことによって、人々は自然を守っている）」とあります。文と文の論理関係を確認しましょう。前の文では、食物が遠い場所から送られてくるときにトラックによるガスが発生するため環境に悪いとありました。次の文では、地元の食材を買うことは自然を大切にすることである、と述べています。つまり、2つの文は対立関係にあります。選択肢のなかで対立関係を表わせるのは、①Au contraire「反対に」だけです。選択肢②Avant cela「その前に」を入れても、何の「前に」なのかがわかりません。選択肢③Par hasard「偶然に」では文意がつながりません。

次に、De plus, on (4) la qualité des choses qu'on achète : quand on choisit directement chez les agriculteurs de sa région, on peut leur demander comment les fruits et les légumes sont cultivés.「さらに、人々は自分たちの買っているものの品質を（ 4 ）。自分の地方の農家で直接選ぶとき、どのようにしてくだものと野菜が栽培されているのかを人々は農家に尋ねることができるからである」とあり、地元の食材を選ぶことのもう1つの「利点」が説明されています。選択肢のなかで、文脈に沿っているのは②connaît mieux「よりよく知る」だけです。①apprend moins「より少なく学ぶ」と③ignore toujours「いつも知らない」を入れてしまうと、地元の食材を買うことは「利点」ではなくなってしまい、文全体の趣旨と合致しません。

次の文は、Enfin, (5) soutenir l'économie locale, parce que nous achetons des aliments aux agriculteurs qui travaillent près de chez nous.「最後に、(5) 地元の経済を支える。なぜなら、私たちは自分たちの家の近くで働いている農家から食物を買うからである」とあり、3つ目の「利点」を紹介して文章全体をしめくくっています。parce que「なぜなら」とあるように、地元で生産された食物を買うことは地元の経済を支える手段となるという文意ですから、①cela nous empêche de「そのことは私たちが～することをさまたげる」でも、③il faut absolument「絶対に～しなければならない」でもなく、②cela nous permet de「そのことで私たちは～できる」が入ります。空欄をのぞいた部分の文意がつかめても、選択肢①と②に使われている構文を知らないと、正しく解答することはできません。①では〈empêcher＋人 de＋不定詞〉「〔人〕が～するのをさまたげる」、②では〈permettre à＋人 de＋不定詞〉「〔人〕が～することを可能にする」という構文が使われています。

解答 (1) ②　(2) ②　(3) ①　(4) ②　(5) ②

練習問題 2

次の文章を読み、（ 1 ）～（ 5 ）に入れるのに最も適切なものを、それぞれ右のページの①～③のなかから 1 つずつ選び、解答欄のその番号にマークしてください。

Les Français sont de plus en plus seuls. D'après une étude menée en 2014 par Patrice Beaufour, professeur à l'Université de Paris III, une personne sur huit se disait seule et une sur dix se sentait abandonnée et même (1). « Nous vivons dans une société où les relations sociales (famille, amis, collègues, voisins, etc.) ne sont plus aussi fortes qu'avant », explique Beaufour. « (2), les gens perdent contact petit à petit et finalement ne se parlent plus. »

Mais en fait, beaucoup de gens veulent lutter contre la solitude* : la plupart des Français (3) s'engager dans le bénévolat**, par exemple, nettoyer des rivières et des forêts, organiser des fêtes de quartier. (4) 60 000 associations*** culturelles ou sociales sont créées chaque année en France, et leur nombre augmente régulièrement. « Quand on répond à un besoin des autres, on n'est plus seul. » En effet, 89 % des Français pensent que « faire des choses utiles pour tous » est (5) pour lutter contre la solitude.

*solitude : 孤独
**bénévolat : ボランティア活動
***association :（非営利）団体

（1） ① heureuse
② inutile
③ nécessaire

（2） ① Ainsi
② Malgré cela
③ Par hasard

（3） ① évitent de
② sont obligés de
③ sont prêts à

（4） ① Cependant
② C'est pour cela que
③ Et pourtant

（5） ① le meilleur moyen
② une mauvaise action
③ un moyen peu important

（16 春）

解説 フランス人の孤独化とその対策が話題になっています。

第 1 段落では、最初の文で Les Français sont de plus en plus seuls.「フランス人はますます孤独になっている」という文章全体のテーマが導入されています。それから、D'après une étude menée en 2014 par Patrice Beaufour, professeur à l'Université Paris III,「パリ第 3 大学 Patrice Beaufour 教授によって 2014 年におこなわれた研究によれば」、と情報源を示したあとで、最初の問題となる文章がつづきます。une personne sur huit se disait seule et une sur dix se sentait abandonnée et même（ 1 ）.「8 人中 1 人が孤独だと考えており、10 人中 1 人が見捨てられたように感じており、さらに（ 1 ）

とさえ感じている」。se dire は「自分自身に向かって言う」、転じて「思う」という意味の表現です。〈 se sentir + 形容詞 〉は「みずからを〜と感じる」という表現です。ここでは abandonnée「見捨てられた」というマイナスイメージの語のあとに、et によって並列される形で空欄がきていますので、空欄にはやはりマイナスイメージの語が入るはずです。選択肢①heureuse「幸せ」や③nécessaire「必要」はどちらかというとよいイメージの語ですので、合致しません。よって正解は、②inutile「役に立たない」となります。

次の文を訳しておきますと、« Nous vivons dans une société où les relations sociales (famille, amis, collègues, voisins, etc.) ne sont plus aussi fortes qu'avant », explique Beaufour.「『われわれは社会的関係（家族、友人、同僚、隣人など）がもはや以前ほど強くない社会に生きている』と Beaufour 氏は説明する」となります。

Beaufour 氏の説明がさらにつづく形で、第 2 問目の文章がやってきます。« (2), les gens perdent contact petit à petit et finalement ne se parlent plus. »「『(2)、人々は交渉を徐々に失い、最終的にはもはやしゃべらなくなっている』」。この文章は、その前の文章の結果をより具体的に示しています。したがって、①Ainsi「こうして」が正解となります。②Malgré cela「それにもかかわらず」は前の文章と対立関係にあることを示す表現ですし、③Par hasard は「偶然に」という意味ですので、合致しません。

第 2 段落の 1 文目を訳しておくと、Mais en fait, beaucoup de gens veulent lutter contre la solitude「しかしじつは、多くの人が孤独に対して戦おうとしている」となります。そして「: (deux points)」をはさんで、第 3 問目の文章がつづきます。[...] la plupart des Français (3) s'engager dans le bénévolat, par exemple, nettoyer des rivières et des forêts, organiser des fêtes de quartier.「大多数のフランス人がボランティア活動に参加 (3)、たとえば川や森をきれいにしたり、地域のお祭りを組織したりする」。「: (deux points)」は発音されることのない句読点の一種ですが、前の文章を補足説明する時のサインであり、文と文の間の論理関係を示す重要な役割を担っていますので、見のがさないようにしましょう。してみると、空欄には孤独と戦う意欲を示すような表現が入るはずです。①évitent de「〜することを避ける」や②sont obligés de「〜することを余儀なくされる」は合致しません。正解は③sont prêts à「〜する心構えがある」となります。

つづけて第 4 の空欄がきています。(4) 60 000 associations culturelles

ou sociales sont créées chaque année en France, et leur nombre augmente régulièrement.「(4) 6 万の文化・社会団体が毎年フランスで作られ、そしてそれらの数は規則的にふえている」。文と文の論理関係を整理しましょう。先の文では、孤独と戦うために社会にかかわる行動を起こすフランス人が多いという内容でした。さてこの文では、文化・社会団体の数がふえているとあります。つまり、先の文の結果、このような現象が起こるという順接の関係が見られるわけです。選択肢①Cependant「しかしながら」も③Et pourtant「それでも」も、逆接の接続詞ですので、あてはまりません。よって、②C'est pour cela que「そのために」が正解となります。

ここで再び « Quand on répond à un besoin des autres, on n'est plus seul. »「『人は他人の求めに応じる時、孤独ではない』」という Beaufour 氏による解説が挿入されます。そののちに、最後の文章が置かれます。En effet, 89 % des Français pensent que « faire des choses utiles pour tous » est (5) pour lutter contre la solitude.「たしかに、フランス人の 89%が『皆のために有用なことをする』のは孤独と戦うために (5) であると考えている」。En effet「たしかに、というのも実際」は、前の文の Beaufour 氏のことばをうけて、それを裏打ちする表現です。とすると、②une mauvaise action「悪い行動」や③un moyen peu important「あまり重要でない方法」は合致しません。①le meilleur moyen「もっともよい方法」が正解となります。

今回は研究者の見解を紹介しながらの記事でしたが、それが問題文全体の論理の展開を作り出していることに気づけば、正しい答えをみちびくことができるでしょう。

解答 (1) ② (2) ① (3) ③ (4) ② (5) ①

練習問題 3

次の文章を読み、(1)～(5) に入れるのに最も適切なものを、それぞれ右のページの①～③のなかから 1 つずつ選び、解答欄のその番号にマークしてください。

Les grands-parents sont généralement plus tolérants* que les parents. Jean-Michel, grand-père de Margot, 8 ans, et de Paul, 5 ans, s'occupe de ses petits-enfants tous les mercredis. Il dit : « (1), Margot et Paul font presque tout ce qu'ils veulent. On se promène ensemble avec le chien, on déjeune à l'heure qu'on veut, on regarde longtemps la télévision. Je ne me mets presque jamais en colère. En fait, je suis (2) comme grand-père que comme père ! »

En outre, les grands-parents racontent la vie d'autrefois. (3), parfois, Margot et Paul posent des questions à Jean-Michel : « Est-ce qu'il y avait des voitures et des avions quand tu étais petit ? », « Est-ce que tu as fait la guerre ? » Ils s'intéressent aussi à l'histoire de leur propre famille. Ils aiment (4) tout ce que faisait leur père quand il était petit.

Même si les grands-parents ne peuvent pas remplacer les parents, ils jouent un rôle important. Les enfants (5) comprendre qu'ils sont aimés par d'autres personnes que leurs parents.

*tolérant : 寛容な

(1) ① Avec moi
② Malgré eux
③ Sans nous

(2) ① aussi difficile
② moins tendre
③ plus gentil

(3) ① Ainsi
② Cependant
③ Désormais

(4) ① créer
② entendre
③ expliquer

(5) ① hésitent à
② ont peur de
③ sont heureux de

(17 秋)

解説、テーマは「家族」で、とくに祖父母の役割に焦点があてられています。

冒頭の２文には、Les grands-parents sont généralement plus tolérants que les parents. Jean-Michel, grand-père de Margot, 8 ans, et de Paul, 5 ans, s'occupe de ses petits-enfants tous les mercredis.「一般的に、祖父母は両親よりも寛容である。8 歳の Margot と 5 歳の Paul の祖父である Jean-Michel は、毎週水曜日に孫たちの世話をする」とあります。次に Il dit「彼はこう言う」という語句につづいて、Jean-Michel の発言が記されていますが、この第 3 文が空欄をふくんでいます。(1), Margot et Paul font presque tout ce qu'ils veulent.「(1)、Margot と Paul は、望みどおりのことをほ

とんどなんでもしている」。先の「祖父母は両親よりも寛容である」という内容と、この一文とが矛盾しないようにするためには、①Avec moi「私といっしょのときは」を入れるしかありません。②Malgré eux「彼ら（＝Margot と Paul）の意に反して」だと矛盾してしまいますし、③Sans nous「私たち（＝祖父母）なしで」だと「祖父母が寛容だ」という主張と無関係になってしまいます。

次に、Jean-Michel は On se promène ensemble avec le chien, on déjeune à l'heure qu'on veut, on regarde longtemps la télévision. Je ne me mets presque jamais en colère.「みんなで犬を連れて散歩し、好きなときに昼食をとり、長時間テレビを見る。私はめったに怒ることはない」とつづけます。このあと、空欄をふくむ次の一文がきます。En fait, je suis (2) comme grand-père que comme père !「じつのところ、私は父としてより、祖父としてのほうが（ 2 ）だ」。文脈からして、①aussi difficile「同じくらい気むずかしい」、②moins tendre「やさしくない」はいずれも明らかに不適です。正解は、③plus gentil「より親切だ」です。

第 2 段落冒頭には、En outre, les grands-parents racontent la vie d'autrefois.「さらに、祖父母は昔の生活を語る」とあり、次の一文に空欄がふくまれています。(3), parfois, Margot et Paul posent des questions à Jean-Michel : « Est-ce qu'il y avait des voitures et des avions quand tu étais petit ? », « Est-ce que tu as fait la guerre ? »「（ 3 ）、ときどき、Margot と Paul は Jean-Michel に質問する。『おじいちゃんが小さかったころ、自動車や飛行機はあった？』、『戦争に行ったことはある？』など」。ここに入るのは、①Ainsi「たとえば」です。ainsi には「そのように」、「こうして」、「そういうわけで」という意味のほかに、「たとえば」という意味もあります。②Cependant「しかしながら」、③Désormais「それ以降」はいずれも前文と論理的にうまくつながりません。文と文とをつなぐ副詞や接続詞については、日本語の意味だけでなく、用法や用例も辞書でしっかり確認しておくことをおすすめします。

次の、Ils s'intéressent aussi à l'histoire de leur propre famille.「彼らは、自分たち自身の家族の歴史にも興味がある」につづいて、空欄をふくむ一文が現れます。Ils aiment (4) tout ce que faisait leur père quand il était petit.「彼らは、父親が小さかったときにしていたことをなんでも（ 4 ）のが好きだ」。前文に「家族の歴史にも興味がある」とありますので、子どもたちは父親が自分たちと同じくらいのころのことについて②entendre「聞く」のが好き、ということになります。①créer「創作する」は明らかにあてはまりませんし、③expliquer「説明する」のはむしろ祖父母の立場です。

第 3 段落の第 1 文、Même si les grands-parents ne peuvent pas remplacer les parents, ils jouent un rôle important.「祖父母は、両親のかわりにはなりえないとしても、重要な役割をはたしている」のあとに、空欄をふくむ次の文がきます。Les enfants (　5　) comprendre qu'ils sont aimés par d'autres personnes que leurs parents.「子どもたちは、自分が両親以外の人々に愛されていると理解するのが（　5　）だ」。祖父母は子どもに対して「重要な役割をはたしている」わけですので、①hésitent à「ためらう」、②ont peur de「こわがる」ではいずれも文脈に矛盾します。正解は③sont heureux de「幸せだ、うれしい」です。

解答　(1) ①　(2) ③　(3) ①　(4) ②　(5) ③

練習問題 4

次の文章を読み、（　1　）～（　5　）に入れるのに最も適切なものを、それぞれ右のページの①～③のなかから１つずつ選び、解答欄のその番号にマークしてください。

Est-ce que les Canadiens ont oublié le goût du lait ? En 2015, les Canadiens ont bu 73 litres de lait par personne (　1　) que dans les années 1990 ils en buvaient plus de 90. On boit donc de moins en moins de lait au Canada.

Comment expliquer ces chiffres ? Selon le professeur Dubois de l'Université d'Ottawa, beaucoup de gens, surtout les jeunes, pensent que le lait est (　2　). En effet, les gens qui ne veulent pas grossir évitent d'en boire. Il semble que le lait (　3　) aux besoins des consommateurs* d'aujourd'hui. Selon toujours le professeur Dubois, les médicaments qu'on donne aux vaches font paraître le lait peu naturel.

En tout cas, la situation où se trouve le commerce du lait est très difficile. Il est (　4　) de prendre des mesures pour faire redécouvrir le goût du lait. Il faudrait, par exemple, faire de nouveaux produits** à partir du lait, (　5　) les gens qui n'achètent plus tellement de lait, ni de fromage ni de yaourt.

*consommateur : 消費者
**produit : 製品

(1) ① ainsi
② pendant
③ tandis

(2) ① assez maigre
② trop bon
③ trop gras

(3) ① ne convienne plus
② réponde bien
③ soit fidèle

(4) ① absolument nécessaire
② hors de question
③ tout à fait inutile

(5) ① capables d'intéresser
② faciles à mettre en colère
③ propres à refuser

(16 秋)

解説 カナダにおける牛乳消費量の推移についての話です。

第 1 段落の第 1 文では、Est-ce que les Canadiens ont oublié le goût du lait ?「カナダ人は牛乳の味を忘れてしまったのだろうか」とテーマが導入されます。次に、空欄をふくむ文が出てきます。En 2015, les Canadiens ont bu 73 litres de lait par personne (1) que dans les années 1990 ils en buvaient plus de 90.「2015 年には、カナダ人は 1 人あたり 73 リットルの牛乳を飲んだ (1)、1990 年代には、90 リットル以上飲んでいた」。空欄の前と後で、2015 年と 1990 年代の消費量を比較しているので、正解は ③ tandis (que)「一方」となります。①ainsi (que)「～と同様に」や ②pendant (que)「～の間に」では意味をなしません。なお、この段落は On boit donc de moins en moins de lait au Canada.「したがってカナダでは次第に牛乳を飲まなくなっている」としめくくられます。

第 2 段落は、Comment expliquer ces chiffres ?「どのようにこの数字を説

明するべきか」と始まり、2つ目の空欄をふくむ文章がつづきます。Selon le professeur Dubois de l'Université d'Ottawa, beaucoup de gens, surtout les jeunes, pensent que le lait est (　2　).「オタワ大学のデュボワ教授によると、多くの人々、とくに若者は牛乳は（　2　）と考えている」。そしてそのあと、En effet, les gens qui ne veulent pas grossir évitent d'en boire.「実際、太りたくない人々は牛乳を飲むのを避ける」とありますので、空欄には、牛乳が太る原因になることを表わす文言が入るはずです。したがって、①assez maigre「脂肪がかなり少ない」でも、②trop bon「おいしすぎる」でもなく、③trop gras「脂肪が多すぎる」が正解です。

次の空欄部分も直接牛乳に関係しています。Il semble que le lait (　3　) aux besoins des consommateurs d'aujourd'hui.「牛乳は今日の消費者の需要に（　3　）ようだ」。その前までの論理の流れからすると、現在では牛乳は需要に応えていないという文意になるはずです。②réponde bien「きちんと答えている」や③soit fidèle「忠実である」では正反対になってしまいます。したがって正解は、①ne convienne plus「もはや適していない」です。ちなみに、il semble que「～のようだ」の que 以下では接続法が用いられています。

この段落最後の文も訳しておくと、Selon toujours le professeur Dubois, les médicaments qu'on donne aux vaches font paraître le lait peu naturel.「やはりデュボワ教授によると、牛にあたえられる薬は、牛乳をあまり自然なものでないように見せる」となります。

第3段落では、これまでの文章がまとめられています。En tout cas, la situation où se trouve le commerce du lait est très difficile.「いずれにせよ、牛乳販売の状況はとても困難なものである」。ついで4つ目の空欄をふくむ文章で、Il est (　4　) de prendre des mesures pour faire redécouvrir le goût du lait.「牛乳の味を再発見させるための措置をとることが（　4　）である」と述べられます。このあとの文の前半を見ると、Il faudrait, par exemple, faire de nouveaux produits à partir du lait,「たとえば、牛乳からできた新しい製品を作るべきだろう」とありますので、とるべき具体的な措置の例を示していることがわかります。したがって、①absolument nécessaire「絶対に必要」が正解となります。②hors de question「論外」や、③tout à fait inutile「まったく不必要」は、どちらも措置をとることに否定的ですので、あてはまりません。

先ほどの文の前半部に、空欄で始まる部分がつづきます。(5) les gens qui n'achètent plus tellement de lait, ni de fromage ni de yaourt.「牛乳もチーズもヨーグルトももはやあまり買わない人々（ 5 ）」とあります。選択肢を見ると、いずれも複数形の形容詞から始まっているので、直前の nouveaux produits を修飾する語句であることがわかります。話の展開から、乳製品を買わない人々にも買ってもらえるような新製品を提案するというようなことが言いたいのだと思われますので、②faciles à mettre en colère「～を怒らせやすい」も、③propres à refuser「～を拒むのにふさわしい」も文脈に適合しません。したがって正解は①capables d'intéresser「（人々の）興味をそそることができる」となります。

解答 (1) ③　(2) ③　(3) ①　(4) ①　(5) ①

練習問題 5

次の文章を読み、(1)～(5) に入れるのに最も適切なものを、それぞれ右のページの①～③のなかから1つずつ選び、解答欄のその番号にマークしてください。

Plus de 30 °C à l'ombre, 40 °C au soleil... Les températures peuvent monter très haut en été. Peut-on faire du sport quand il fait très chaud ? Les médecins disent que c'est dangereux de faire du sport entre 11 h et 16 h, au moment de la journée où le soleil (1). Ils recommandent de le pratiquer plutôt à 9 h le matin, ou bien le soir à partir de 19 h. (2), la température du corps risque d'augmenter beaucoup trop.

Le plus grand danger est la déshydratation*. Très souvent, on ne la sent pas venir. La soif arrive d'abord, mais les personnes âgées (3) à l'éprouver. Elles peuvent donc ne pas s'apercevoir de leur déshydratation, et cela peut être grave.

(4) la déshydratation, il faut mettre un chapeau ou une casquette**, rester à l'ombre, préférer des vêtements clairs et, surtout, boire de l'eau. Nous pouvons perdre jusqu'à deux litres d'eau par heure en faisant du sport au soleil. Donc (5) boire toutes les trente minutes.

*déshydratation : 脱水症
**casquette : ひさしのある帽子

(1) ① est haut dans le ciel
② ne brille pas si fort
③ s'est déjà couché

（2） ① En outre
② Pour le moment
③ Sinon

（3） ① continuent toujours
② se mettent facilement
③ sont moins rapides

（4） ① En cas de
② Pour prévenir
③ Pour profiter de

（5） ① évitez absolument de
② il ne faut pas
③ ne manquez pas de

（18 秋）

解説 高温時にスポーツをしてよいのか、とりわけ脱水症状にどう気をつければよいのかを説明した文章です。

第１段落の第１文から第３文にかけて、Plus de 30 °C à l'ombre, 40 °C au soleil... Les températures peuvent monter très haut en été. Peut-on faire du sport quand il fait très chaud ?「日陰で 30 度以上、日なたで 40 度…。夏には気温がとても高くなることがある。とても暑いときにスポーツはできるのだろうか」とあります。ここでテーマが示され、夏の暑さとスポーツに関連した文であることがわかります。つづく第４文は Les médecins disent que c'est dangereux de faire du sport entre 11 h et 16 h, au moment de la journée où le soleil (　1　).「11 時から 16 時、太陽が（　1　）日中は、スポーツをすることは危険であると医者は言っている」とあり、第３文の疑問文に対する答えになっていることがわかります。気温があがり、スポーツをすることが危険になる、11 時から 16 時までの時間帯に、太陽は、② ne brille pas si fort「それほど強く輝いていない」わけでも、③s'est déjà couché「すでに沈んでいる」わけでもなく、①est haut dans le ciel「空高くにある」のは明らかです。

第5文と第6文をつづけて訳してみましょう。Ils recommandent de le pratiquer plutôt à 9 h le matin, ou bien le soir à partir de 19 h. (2), la température du corps risque d'augmenter beaucoup trop.「医者はむしろ朝9時、あるいは晩19時からスポーツをするように推奨している。(2)、体温があまりにあがりすぎる恐れがある」です。(2)に入るのはこの第5文と第6文を論理的につなぐ表現ということになります。①En outre「そのうえ」、②Pour le moment「今のところは」では内容的につじつまが合いません。前文で言われていることを否定・排除した場合どうなるかを表わす③Sinon「さもないと」であれば意味が通ります。

第2段落の冒頭、第1文、第2文に、Le plus grand danger est la déshydratation. Très souvent, on ne la sent pas venir.「もっとも大きな危険は脱水症である。しばしば、脱水症は起こるとき気づかないものだ」とあります。このあと、空欄をふくむ第3文がきます。La soif arrive d'abord, mais les personnes âgées (3) à l'éprouver.「まずのどの渇きがやってくるが、年配の人々はそれを感じる(3)」。選択肢は、①continuent toujours「つねに〜しつづける」、②se mettent facilement「容易に〜しはじめる」、③sont moins rapides「すぐには〜しにくい」です。第2文で触れられた脱水症の気づきにくさを考慮するなら、③がもっとも適切です。あてはめてみると、「年配の人々はすぐにはのどの渇きを感じにくい」となります。つづく第4文を確認しておくと、Elles peuvent donc ne pas s'apercevoir de leur déshydratation, et cela peut être grave.「つまり年配の人々は自分の脱水症に気づかないことがあり、それが重大な事態となりうる」とありますので、やはり③で正しいことがわかります。

第3段落は冒頭から空欄があります。第2段落をうけて第3段落がどのように展開するかによってこの空欄に入るものがきまります。第1文を見ていきましょう。(4) la déshydratation, il faut mettre un chapeau ou une casquette, rester à l'ombre, préférer des vêtements clairs et, surtout, boire de l'eau.「脱水症(4)、帽子やキャップをかぶり、日陰にとどまり、明るい色の服を選び、そしてなにより水を飲まなくてはならない」。第2段落からの流れを考えると、これはおそらく脱水症にならないための対策について述べている文です。選択肢のうち、③Pour profiter de「～を利用するために」は明らかに不適切です。①En cas de「～の場合には」は一見入りそうなのですが、もうすでに脱水症になってしまっている場合には、帽子をかぶったり日陰にとどまるだけでなく、病院に行くなどの対応も必要となってきますから、やはり論理的に不適切と言えます。正解は②Pour prévenir「～を予防するために」です。

つづく第2文は、Nous pouvons perdre jusqu'à deux litres d'eau par heure en faisant du sport au soleil.「私たちは日なたでスポーツをすることで、1時間あたり2リットルもの水分を失うことがある」となっています。第3文はDonc「だから」で始まっていますので、この第2文の内容が理由・根拠となって話が展開することが予想できます。第3文を訳すと、Donc, (5) boire toutes les trente minutes.「だから、30分ごとに水を飲む(5)」となります。水分を失ったら補給しなければならないわけですので、選択肢①évitez absolument de「絶対に～するのを避けてください」、②il ne faut pas「～してはなりません」ではまったく逆の事態になってしまいます。③ne manquez pas de「忘れずに～してください」が正解です。

解答 (1) ①　(2) ③　(3) ③　(4) ②　(5) ③

6

長文を読み、その内容について述べた文が長文の内容に一致するか否かを判断する問題です。選択式問題で、内容について述べた文は6つ、配点は各問2点、合計12点です。

選択肢は、長文で言及されている順に配列されています。まず長文全体を通読して、主題や内容の概要を理解してから、次に内容について述べた文を番号順に一読するとよいでしょう。それから、あらためて内容について述べた文を番号順にひとつずつ、長文の対応する箇所と内容が一致しているか否か、くわしく比較していきましょう。

出題される長文は、ある人の行動や出来事を1人称で語る談話調のものや、フランスの社会問題や事件に関して客観的に述べた3人称の文章などもあり、語りの形式と内容はさまざまです。いずれにしても、特定の人物の行為や出来事の継起を軸に話は展開しますが、その状況・背景や因果関係、論理的なつながりなどを把握しながら読み進めましょう。1人称の文章では、話者の主張や心情を読み取らなければならない場合もあります。

内容について述べた文の正否を判断するにあたっては、筆記試験5の長文穴うめ問題同様、社会の一般常識を念頭に置いた予断や先入観で判断するのはつつしみましょう。あくまでも、長文のなかに判断根拠をさがすことが必要です。そもそも、長文中に判断根拠がない文は、出題されません。

準2級の語彙や表現の範囲を超える語句には注が付けられていますが、前後あるいはほかの箇所で言いかえられていたりしていて、全文を読めばわかる場合は、注がないこともあります。

練習問題 1

次の文章を読み、右のページの(1)～(6)について、文章の内容に一致する場合は解答欄の①に、一致しない場合は②にマークしてください。

Isabelle est journaliste. Pour son travail, elle voyage tout le temps. Elle emmène toujours son chien, car elle est malvoyante*.

Elle a découvert le plaisir de la lecture à six ans. Mais, à mesure qu'elle grandissait, elle a eu un problème : il n'y avait pas beaucoup de livres en braille**. Alors, sa mère lui a lu à haute voix, sans tout comprendre, des livres de droit, d'histoire, de sciences naturelles et même des dictionnaires. À l'université, Isabelle a pu étudier facilement seule grâce à l'arrivée de l'ordinateur et d'Internet.

Ses collègues la respectent comme journaliste, parce qu'elle a son propre « point de vue ». Ils disent qu'elle sait bien écouter les sons et sentir les odeurs sur place. De plus, son sourire est si charmant que les gens discutent volontiers avec elle. Tous les dimanches, à la radio, elle parle de ce qu'elle a entendu.

*malvoyant : 弱視の人
**braille : 点字

(1) Isabelle emmène toujours son chien quand elle travaille.

(2) Isabelle a commencé à aimer lire il y a six ans.

(3) La mère d'Isabelle comprenait parfaitement ce qu'elle lisait à sa fille.

(4) Isabelle a pu étudier seule quand elle était étudiante à l'université.

(5) Selon ses collègues, Isabelle est capable de bien écouter les sons et sentir les odeurs sur place.

(6) Isabelle travaille régulièrement à la radio.

(13 春)

解 説 Isabelle という弱視のジャーナリストについての話です。

(1) Isabelle emmène toujours son chien quand elle travaille.「Isabelle は仕事をするとき、いつも自分の犬を連れていく」。これは、第 1 段落の第 2 文と第 3 文の前半部分に、Pour son travail, elle voyage tout le temps. Elle emmène toujours son chien「自分の仕事のために、彼女はいつも旅行する。彼女はいつも自分の犬を連れていく」とありますので、内容に一致します。

(2) Isabelle a commencé à aimer lire il y a six ans.「Isabelle は 6 年前に読書を好みはじめた」は、第 2 段落の冒頭、Elle a découvert le plaisir de la lecture à six ans.「彼女は 6 歳で読書の楽しみを発見した」と一致しません。ちなみに、〈il y a +時間〉「〜前に」と〈à +年齢〉「〜歳で」のちがいを用いた問題は、何度か出題されています。どちらも基本的な表現ですから、ぜひ覚えておきましょう。

(3) La mère d'Isabelle comprenait parfaitement ce qu'elle lisait à sa fille.「Isabelle の母親は、娘に読んであげているものを完全に理解していた」。第 2 段落の第 3 文に、Alors, sa mère lui a lu à haute voix, sans tout comprendre, des livres de droit, d'histoire, de sciences naturelles et même des dictionnaires.「それで、彼女の母親は彼女のために、すべては理解しなかったものの、法律や歴史や自然科学の本や、辞書さえも、声に出して読んであげた」とあります。したがって、内容に一致しません。

(4) Isabelle a pu étudier seule quand elle était étudiante à l'université.

「Isabelleは大学生だったとき、ひとりで勉強することができた」は、第2段落の最後の文、À l'université, Isabelle a pu étudier facilement seule grâce à l'arrivée de l'ordinateur et d'Internet.「大学では、コンピューターやインターネットが登場したおかげで、Isabelleはひとりで容易に勉強することができた」と一致します。

(5) Selon ses collègues, Isabelle est capable de bien écouter les sons et sentir les odeurs sur place.「Isabelleの同僚たちによると、彼女は現場でよく音を聞いたり、においをかいだりすることができる」。第3段落の冒頭、Ses collègues la respectent comme journaliste, parce qu'elle a son propre « point de vue ».「彼女の同僚たちは、彼女をジャーナリストとして尊敬している。というのも、彼女は自分自身の『見解』をもっているからだ」につづいて、Ils disent qu'elle sait bien écouter les sons et sentir les odeurs sur place.「彼女は現場でよく音を聞いたり、においをかいだりすることができる、と彼らは言っている」という文があります。したがって、内容に一致します。

(6) Isabelle travaille régulièrement à la radio.「Isabelleは定期的にラジオで働いている」。第3段落の最後の文に、Tous les dimanches, à la radio, elle parle de ce qu'elle a entendu.「日曜日ごとに、彼女はラジオで、自分が耳にしたことについて話している」とありますので、内容的に一致します。régulièrementの意味と、〈tous (toutes) les ＋時間／日時〉「〜ごとに」という表現が理解できないと、この問題は解けません。

解答 (1) ① (2) ② (3) ② (4) ① (5) ① (6) ①

練習問題 2

次の文章を読み、右のページの(1)～(6)について、文章の内容に一致する場合は解答欄の①に、一致しない場合は②にマークしてください。

Claire aime les animaux depuis son enfance. Quand elle avait dix ans, sa mère lui a offert un cheval. Claire était très heureuse. Mais un jour, son cheval s'est blessé. Pour le soigner, Claire a appelé un ostéopathe*. Celui-ci a massé** son cheval et l'a guéri rapidement.

Après le lycée, Claire est allée étudier en Suisse pour devenir ostéopathe pour animaux, car ce métier était peu enseigné en France. Elle a beaucoup appris sur le corps et les mouvements des bêtes. Après trois années d'études, elle est rentrée en France.

Maintenant, Claire est ostéopathe pour animaux. Elle s'est installée dans le Sud de la France. Au travail, Claire n'a pas besoin d'appareil : ses mains lui suffisent pour calmer la douleur. Elle s'occupe des bêtes tous les jours, du matin au soir.

*ostéopathe : 整骨医、整体師
**masser : マッサージをする

(1) À l'âge de dix ans, Claire a eu un cheval.

(2) L'ostéopathe n'a pas soigné le cheval de Claire.

(3) Quand Claire a fini le lycée, peu d'écoles enseignaient le métier d'ostéopathe pour animaux en France.

(4) Claire a étudié pendant trois ans en Suisse.

(5) Claire se sert d'appareils pour calmer la douleur.

(6) Claire ne travaille pas l'après-midi.

(15 秋)

解説 「動物専門の整体師」というめずらしい仕事をしている Claire の話です。

(1) À l'âge de dix ans, Claire a eu un cheval.「10 歳のときに Claire は馬をもらった」。冒頭、「子どものころから Claire は動物が好きだった」につづいて、Quand elle avait dix ans, sa mère lui a offert un cheval.「10 歳のとき、母親が彼女に馬をあげた」とあります。したがって、これは内容に一致します。

(2) L'ostéopathe n'a pas soigné le cheval de Claire.「整体師は Claire の馬を治療しなかった」。第 1 段落の第 5 文に Pour le soigner, Claire a appelé un ostéopathe.「それ（馬）を治療するために、Claire は整体師を呼んだ」とあり、さらにつづく第 6 文に、Celui-ci a massé son cheval et l'a guéri rapidement.「整体師は馬にマッサージをしてすぐに治した」とありますから、内容に一致しません。

(3) Quand Claire a fini le lycée, peu d'écoles enseignaient le métier d'ostéopathe pour animaux en France.「Claire が高校を卒業したときには、動物専門の整体師という仕事について学べる学校はフランスにはほとんどなかった」。第 2 段落の第 1 文に、Après le lycée, Claire est allée étudier en Suisse pour devenir ostéopathe pour animaux, car ce métier était peu enseigné en France.「高校を卒業したあと、Claire は動物専門の整体師になるためにスイスに勉強しにいった。なぜなら、この仕事はフランスではほとんど教えられていなかったからだ」とあります。したがって、内容に一致します。この問題のポイントは、「ほとんど～ない」を表わす副詞 peu です。un peu「少し、ちょっと」と合わせて、かつしっかり区別して覚えておきましょう。どちらも基本的かつ重要な表現です。

(4) Claire a étudié pendant trois ans en Suisse.「Claire は 3 年間スイスで勉強した」。第 2 段落の第 3 文に、Après trois années d'études, elle est rentrée en France.「3 年間の勉強のあとで、彼女はフランスに帰った」とあります。したがって、内容に一致します。

(5) Claire se sert d'appareils pour calmer la douleur.「Claire は痛みをやわらげるために器具を用いる」。第 3 段落の第 3 文に、Au travail, Claire n'a pas besoin d'appareil : ses mains lui suffisent pour calmer la douleur.「仕事では、Claire は器具を必要としない。痛みをやわらげるには両手があれば十分だ」とありますので、内容に一致しません。ここで用いられている se servir de「～を使う」(1 **練習問題 1** (3) 解説参照)、avoir besoin de「～を必要とする」(2 **練習問題 1** (5) 解説参照)、〈 suffire pour + 不定詞 〉「～するのに十分である」はすべておさえておきましょう。

(6) Claire ne travaille pas l'après-midi.「Claire は午後は働かない」。第 3 段落の終わりの文に、Elle s'occupe des bêtes tous les jours, du matin au soir.「彼女は朝から晩まで毎日、動物の世話をしている」とあります。したがって、内容に一致しません。s'occuper de「～の世話をする」(1 **練習問題 1** (3) 解説参照) はぜひ覚えておきましょう。

解答 (1) ① (2) ② (3) ① (4) ① (5) ② (6) ②

練習問題 3

次の文章を読み、右のページの(1)～(6)について、文章の内容に一致する場合は解答欄の①に、一致しない場合は②にマークしてください。

Jérôme travaille dans une société américaine pendant la journée. Mais le soir, il emploie tout son temps à écrire des livres de cuisine.

C'est en 2009 que son premier livre est né de ses deux passions : le cinéma et la cuisine. Ses livres donnent les recettes* des plats que les personnages mangent dans des films.

À chaque recette, Jérôme ajoute une brève explication du film. Ses livres sont pleins de photos. Jérôme prépare lui-même tous les plats, tandis que son copain Charles les prend en photo.

Pour le moment, Jérôme utilise des films américains et français. Mais, dans son prochain livre, il pense présenter des plats qui apparaissent dans des films d'Asie. Pour cela, il a besoin de collaborateurs** asiatiques qui partagent ses deux passions.

*recette : 料理の作り方、レシピ
**collaborateur : 協力者

(1) Jérôme écrit ses livres du matin au soir.

(2) Jérôme aime le cinéma et la cuisine.

(3) Dans ses livres, Jérôme ne parle pas de films.

(4) Jérôme prend lui-même en photo les plats qu'il prépare.

(5) **Jérôme n'a jamais utilisé de films américains.**

(6) **Jérôme doit trouver des collaborateurs asiatiques pour son prochain livre.**

(15 春)

解説 映画のなかに出てくる料理のレシピ本を書いている会社員が話題になっています。

(1) Jérôme écrit ses livres du matin au soir.「Jérôme は朝から晩まで本を書いている」。Jérôme travaille dans une société américaine pendant la journée.「Jérôme は、日中はアメリカの会社で働いている」という冒頭の文につづいて、Mais le soir, il emploie tout son temps à écrire des livres de cuisine.「しかし、夜、彼は自分の時間をすべて料理の本を書くことに使っている」という文があります。したがって内容に一致しません。

(2) Jérôme aime le cinéma et la cuisine.「Jérôme は映画と料理が好きだ」。第 2 段落の冒頭に、ses deux passions : le cinéma et la cuisine.「映画と料理という彼のふたつの情熱」とありますので、内容に一致します。

(3) Dans ses livres, Jérôme ne parle pas de films.「本のなかで、Jérôme は映画については語らない」。第 3 段落の冒頭に、À chaque recette, Jérôme ajoute une brève explication du film.「それぞれのレシピに、Jérôme は映画についての短い説明をくわえる」とありますので、内容に一致しません。

(4) Jérôme prend lui-même en photo les plats qu'il prépare.「Jérôme は、自分が作る料理を自分自身で写真に撮っている」については、第 3 段落第 3 文に、Jérôme prépare lui-même tous les plats, tandis que son copain Charles les prend en photo.「Jérôme は自分自身ですべての料理を作り、その一方で友人の Charles がそれらを写真に撮る」とあるので、内容に一致しません。

(5) Jérôme n'a jamais utilisé de films américains.「Jérôme はアメリカ映画を使ったことがない」。第 4 段落の冒頭に、Pour le moment, Jérôme utilise des films américains et français.「今のところ、Jérôme はアメリカ映画とフ

ランス映画を使っている」とありますので、内容に一致しません。pour le moment「今のところは」(2 **練習問題４**(2)) という表現をぜひ覚えておきましょう。

(6) Jérôme doit trouver des collaborateurs asiatiques pour son prochain livre.「Jérôme は次の本のためにアジア人の協力者をみつけなければならない」。最後の文に、Pour cela, il a besoin de collaborateurs asiatiques qui partagent ses deux passions.「そのために、彼は自分のふたつの情熱を共有してくれるアジア人の協力者を必要としている」とあります。Pour cela の cela とは、アジア映画に出てくる料理を次の本に載せることです。したがって内容的に一致します。

解答 (1) ② (2) ① (3) ② (4) ② (5) ② (6) ①

練習問題 4

次の文章を読み、右のページの(1)〜(6)について、文章の内容に一致する場合は解答欄の①に、一致しない場合は②にマークしてください。

Je m'appelle Stéphanie. Je suis réceptionniste* dans un hôtel. C'est un peu par hasard que je le suis devenue. Mes parents étaient professeurs et je ne voulais pas faire la même chose qu'eux.

À l'âge de dix-huit ans, j'ai voyagé avec des amis à New York. Dans l'hôtel où nous sommes descendus, j'ai remarqué un réceptionniste. Il était gentil avec les clients et rapide dans son travail. Alors que nous ne savions pas où aller sous la pluie, il nous a conseillé quelques endroits intéressants à visiter. En un mot, il était parfait.

De ce voyage, j'ai gardé un bon souvenir grâce à lui. C'est sans hésiter que j'ai décidé de faire des études d'hôtellerie** pour devenir réceptionniste comme lui.

J'aime bien rendre le séjour des clients le plus agréable possible. Je continue tous les jours à apprendre de nouvelles choses.

* réceptionniste : フロント係
** hôtellerie : ホテル業

(1) Stéphanie voulait devenir professeur comme ses parents.

(2) Stéphanie a voyagé toute seule à New York.

(3) Pendant tout son voyage à New York, Stéphanie a eu beau

temps.

(4) Le réceptionniste que Stéphanie a remarqué à New York était parfait.

(5) Stéphanie a décidé de devenir réceptionniste avant son voyage à New York.

(6) Stéphanie ne cesse d'apprendre de nouvelles choses dans son métier.

(16 春)

解 説 ホテルのフロント係として働く Stéphanie の話です。

(1) Stéphanie voulait devenir professeur comme ses parents.「Stéphanie は彼女の両親のように先生になりたかった」。1 段落目の 1〜2 行目にかけて、語り手は、自分の名は Stéphanie で、職業はホテルのフロント係であると自己紹介し、そうなったのは偶然であった、と語ります。そして、この段落最後の文で Mes parents étaient professeurs et je ne voulais pas faire la même chose qu'eux.「私の両親は先生で、私は彼らと同じことはしたくなかった」と述べています。したがって内容に一致しません。

(2) Stéphanie a voyagé toute seule à New York.「Stéphanie はひとりでニューヨークを旅した」。第 2 段落の第 1 文に À l'âge de dix-huit ans, j'ai voyagé avec des amis à New York.「18 歳のとき、私は友人たちとニューヨークを旅した」とありますから、内容に一致しません。

(3) Pendant tout son voyage à New York, Stéphanie a eu beau temps.「ニューヨーク旅行の間ずっと、Stéphanie はよい天気にめぐまれた」。ニューヨークのホテルで、Stéphanie は親切で優秀なフロント係に出会います。そして第 2 段落の第 4 文には、Alors que nous ne savions pas où aller sous la pluie, il nous a conseillé quelques endroits intéressants à visiter.「私たちが雨のなかどこへ行ったらいいかわからなかったとき、彼は訪れるべき興味深

い場所をいくつかすすめてくれた」とあります。したがって、ニューヨーク滞在中は雨の日もあったようですので、内容に一致しません。sous la pluie「雨のなか」を見おとしさえしなければ容易に解ける問題です。

(**4**) Le réceptionniste que Stéphanie a remarqué à New York était parfait.「Stéphanie がニューヨークで注目したフロント係は完璧であった」。第 2 段落の第 5 文に、En un mot, il était parfait.「ひと言で言うなら、彼は完璧だった」とあります。したがって内容に一致します。

(**5**) Stéphanie a décidé de devenir réceptionniste avant son voyage à New York.「Stéphanie はニューヨークへの旅の前にフロント係になることをきめた」。第 3 段落の第 1 文に、De ce voyage, j'ai gardé un bon souvenir grâce à lui.「この旅については、彼のおかげでよい思い出を抱いている」とあり、つづく第 2 文には C'est sans hésiter que j'ai décidé de faire des études d'hôtellerie pour devenir réceptionniste comme lui.「迷うことなく、彼のようなフロント係になるためにホテル業の勉強をしようときめた」とありますので、決心した時期は、ニューヨークでこのフロント係に出会ったあとです。したがって内容に一致しません。

(**6**) Stéphanie ne cesse d'apprendre de nouvelles choses dans son métier.「Stéphanie は仕事において新しいことを学んでやまない」。第 4 段落は、はれてフロント係になった Stéphanie の現在の視点から語られています。第 1 文は、J'aime bien rendre le séjour des clients le plus agréable possible.「私はお客様の滞在を可能な限り快適なものにしたい」とあります。そして最後の文では、Je continue tous les jours à apprendre de nouvelles choses.「私は毎日新しいことを学びつづけている」と述べていますので、内容に一致します。〈 ne (pas) cesser de + 不定詞 〉は、〈 ne pas arrêter de + 不定詞 〉と同様に「～をやめない、～しつづける」という意味で使われます（3 **練習問題 1** (3) 解説参照）。

解答 (1) ② (2) ② (3) ② (4) ① (5) ② (6) ①

練習問題 5

次の文章を読み、右のページの(1)〜(6)について、文章の内容に一致する場合は解答欄の①に、一致しない場合は②にマークしてください。

L'an dernier, Sylvie et Julien ont décidé d'avoir une maison. Ils attendaient leur premier enfant à ce moment-là. Sans avoir trop réfléchi, ils ont acheté une vieille maison en pierre pour un peu plus de 100 000 euros. Ils se sont tout de suite mis à sa rénovation*. Il fallait tout refaire par eux-mêmes avant de quitter l'appartement où ils habitaient.

Au début, cela ne semblait pas très compliqué. Mais au bout d'un moment, ils ont reconnu qu'ils faisaient face à des difficultés. Pendant que Sylvie s'occupait de leur fils qui venait de naître, Julien passait toutes ses soirées et tous ses week-ends à faire du bricolage**. Heureusement, leurs parents venaient faire le ménage et des amis de Julien l'aidaient à couper du bois ou à peindre les murs. Après dix-huit mois de gros travaux, la famille a commencé à vivre dans la maison en pierre. Ils en sont très contents mais il reste encore beaucoup de choses à faire.

* rénovation : リフォーム、改修
** bricolage : 日曜大工、（家の）修繕

(1) Quand Sylvie et Julien ont décidé d'avoir une maison, leur enfant n'était pas encore né.

(2) La maison de Julien et de Sylvie leur a coûté moins de 100 000 euros.

(3) Sylvie et Julien habitaient dans un appartement quand ils ont acheté la vieille maison.

(4) Sylvie et Julien ont reconnu leurs difficultés dès le début.

(5) Des gens ont aidé Julien à faire les travaux.

(6) Sylvie et Julien n'habitent pas encore dans leur maison en pierre.

(18 春)

解説 石造りの古い家を買ったSylvie と Julien の夫婦が、引っ越しをする前に、ちゃんと住めるようにこの家を改修する話です。

(1) Quand Sylvie et Julien ont décidé d'avoir une maison, leur enfant n'était pas encore né.「Sylvie と Julien が家をもとうときめたとき、彼らの子どもはまだ生まれていなかった」。本文の冒頭の文、L'an dernier, Sylvie et Julien ont décidé d'avoir une maison.「昨年、Sylvie と Julien は家をもとうときめた」につづいて、Ils attendaient leur premier enfant à ce moment-là.「そのとき彼らは最初の子どもが生まれるのを待っていた」とあります。この時点では 2 人に子どもがいなかったことになりますから、内容に一致します。

(2) La maison de Julien et de Sylvie leur a coûté moins de 100 000 euros.「Julien と Sylvie の家の値段は 100 000 ユーロもしなかった」。これに関しては、第 1 段落の第 3 文に、Sans avoir réfléchi, ils ont acheté une vieille maison en pierre pour un peu plus de 100 000 euros.「あまり考えることなく、彼らは 100 000 ユーロより少し高い値段で、古い石造りの家を買ってしまった」とありますので、内容に一致しません。

(3) Sylvie et Julien habitaient dans un appartement quand ils ont acheté la vielle maison.「Sylvie と Julien が古い家を買ったとき、彼らはアパルトマンに住んでいた」。これに関しては、第 1 段落の第 5 文に、Il fallait tout refaire par eux-mêmes avant de quitter l'appartement où ils habitaient.「住んでいたアパルトマンを出るまでに、彼らはすべてを自分たちで改修しなければならなかった」とあります。2人がアパルトマンに住んでいたと記されていますので、内容に一致します。

(4) Sylvie et Julien ont reconnu leurs difficultés dès le début.「Sylvie と Julien は初めから自分たちの困難がわかった」。これに関しては、第2段落の第1文と第2文に、Au début, cela ne semblait pas très compliqué. Mais au bout d'un moment, ils ont reconnu qu'ils faisaient face à des difficultés.「初めはそれほど厄介には見えなかった。しかし彼らはすぐに自分たちが困難に直面しているのがわかった」とあります。たしかに2人は困難を認識したのですが、問われているのは、それが「初めから」だったかどうかなので、内容に一致しません。

(5) Des gens ont aidé Julien à faire les travaux.「人びとは Julien の作業を手伝った」。これに関しては、第2段落の第4文に、Heureusement, leurs parents venaient faire le ménage et des amis de Julien l'aidaient à couper du bois ou à peindre les murs.「さいわいなことに、彼らの両親が家事をしにきてくれたし、Julien の友人たちは彼が木材を切ったり、壁を塗ったりするのを手伝ってくれた」とあります。des amis de Julien が des gens に言いかえられ、couper du bois「木材を切る」、peindre les murs「壁を塗る」が les travaux「作業」の1語にまとめられたわけです。本文の内容に一致しています。

(6) Sylvie et Julien n'habitent pas encore dans leur maison en pierre.「Sylvie と Julien は彼らの石造りの家にまだ住んでいない」。これに関しては、第2段落の第5文に、Après dix-huit mois de gros travaux, la famille a commencé à vivre dans la maison en pierre.「18ヶ月にわたる大がかりな作業を経て、一家は石造りの家で暮らしはじめた」とありますので、内容に一致しません。

解答 (1) ①　(2) ②　(3) ①　(4) ②　(5) ①　(6) ②

7

会話中の空欄にもっとも適切な語句をおぎなう問題です。選択式問題で、空欄は 5 つ、選択肢は各問ごとに 3 つずつあたえられています。配点は各問 2 点、合計 10 点です。

会話というのは基本的に対話で成り立っています。ある発言とそれに対する応答という、いわばキャッチボールで話が進んでいきますから、話題になっているのは何か、話者はその話題についてどのような立場をとっているのか、ということを把握しながら読んでいけば、適切な解答を選び出すのにさほど困難はありません。選択肢は、単語あるいは語句で、文になっていても単純で短いものです。

会話は受け答えで進行するので、空欄のあとを読めば、どのような発言または問いに応答したのかがわかります。空欄が設定されている部分には、comment、pourquoi、où、quand、quoi、avec qui などの疑問詞、ainsi、alors que、parce que などの接続詞（句）や、会話によく出てくるあいづち、ah bon、pourquoi pas、moi aussi、moi non plus、tu as raison などが入ることが多いので、それらの語句の意味、使い方を確認しておくことは対策としてひじょうに有効です。また、日常会話における基本的な表現は一通り学習しておくことをおすすめします。

会話の流れは、自然で素直なものが基本であり、皮肉や逆説的解釈を求められるようなことはまずありません。たとえば、C'est bien.「それはいいね」という単純な表現は、ふつうはほめことばとして用いられますが、文脈によっては、皮肉として逆の、あるいは別の意味にもなりえます。しかし、この設問では、読む人の解釈によっては多様な意味にとれるような、ひねった答えを期待されているわけではない、ということです。ごく常識的に、文字どおり解釈すればいいのです。

練習問題 1

次の会話を読み、（　1　）～（　5　）に入れるのに最も適切なものを、それぞれ右のページの①～③のなかから１つずつ選び、解答欄のその番号にマークしてください。

Tomoya : Tu vas aller où pendant les vacances d'été ?
Céline : Je vais rentrer en Suisse.
Tomoya : Tu (　1　) ?
Céline : 15 jours, du premier au 15 août.
Tomoya : Il y a quelque chose de spécial à cette période ?
Céline : (　2　). Une grande fête a lieu chaque année à Genève, avec des concerts gratuits partout dans la ville. Surtout le feu d'artifice* sur le lac est magnifique.
Tomoya : Ça a l'air intéressant !
Céline : (　3　), on y va ensemble. Tu pourras dormir chez mon frère.
Tomoya : (　4　), mais je dois aller chez mes grands-parents début août. Quand tu reviendras au Japon, tu me montreras des photos de la fête ?
Céline : (　5　). Je prendrai beaucoup de photos pour toi.

*feu d'artifice : 花火

(1) ① as déjà réservé ton avion
② vas partir quand
③ vas y rester combien de temps

(2) ① Je ne sais pas
② Rien de spécial
③ Tout à fait

(3) ① Malheureusement
② Par contre
③ Si tu veux

(4) ① J'accepte ton invitation
② J'aimerais bien
③ Pas cette fois

(5) ① C'est impossible
② Pas de problème
③ Pas question

(16 秋)

解説 Céline と Tomoya が夏の休暇について話しています。

まず Tomoya が Céline に対して、Tu vas aller où pendant les vacances d'été ?「夏の休暇の間にどこへ行くの」と問いかけます。それに対して、Je vais rentrer en Suisse.「スイスに帰るつもりよ」と答えます。Tomoya は重ねて Tu (1) ?「君は (1) ?」と尋ねます。ヒントは次の Céline の返答にあります。15 jours, du premier au 15 août.「15 日間、8 月 1 日から 15 日まで」と答えていますので、Tomoya は Céline にスイスでの滞在期間を尋ねていたと推測できます。したがって、①as déjà réservé ton avion「もう飛行機を予約した」でも、②vas partir quand「いつ出発するの」でもなく、③vas y rester combien de temps「そこにどのくらい滞在するの」が正解となります。

Tomoya は Il y a quelque chose de spécial à cette période ?「その期間に何か特別なことがあるの？」と尋ねています。すると Céline は、(2).

Une grande fête a lieu chaque année à Genève, avec des concerts gratuits partout dans la ville.「(2)。毎年ジュネーヴで大きなお祭りをやっていて、町じゅういたるところに無料のコンサートもあるのよ」と言います。空欄のあとの文は、その期間におこなわれる特別なことを具体的に説明していますので、空欄には肯定の表現が入るはずです。①Je ne sais pas「知らない」や②Rien de spécial「特別なことはなにもない」では矛盾してしまいます。したがって正解は③Tout à fait「そのとおり」となります。

つづけてCélineは、Surtout le feu d'artifice sur le lac est magnifique.「とくに湖上の花火はすばらしいのよ」と説明します。それを聞いたTomoyaはÇa a l'air intéressant !「おもしろそうだね！」と言います。これに対してCélineは、(3), on y va ensemble. Tu pourras dormir chez mon frère.「(3)、いっしょに行きましょう。あなたは私の兄の家で泊まれるわ」と答えています。CélineはいっしょにスイスへTomoyaを誘っているわけですから、③Si tu veux「もしよければ」が正解となります。①Malheureusement「不幸にも」や②Par contre「それに対し」は文脈に沿いません。

このCélineの誘いに対してTomoyaは、(4), mais je dois aller chez mes grands-parents début août.「(4)、でも8月の初めに祖父母の家へ行かなければならないんだ」と言っています。これはどうやらいっしょにスイスへは行けない理由を説明しているようです。よって、①J'accepte ton invitation「招待を受けるよ」では矛盾します。一方、③Pas cette fois「今回はやめておくよ」は、たしかに誘いを断わっていますが、これでは逆接のmaisがそのあとのスイス行きを断わる理由の説明と論理的につながりません。ここは非現実の仮定を表わす条件法のニュアンスをいかし、②J'aimerais bien「そうしたいところだけど」と言っておいて、しかし現実には無理であることを説明すれば、自然な流れになります。

つづけてTomoyaは、Quand tu reviendras au Japon, tu me montreras des photos de la fête ?「君が日本にもどってきたら、お祭りの写真を見せてくれるかい？」とCélineにたのみます。Célineはそれに対して、(5). Je prendrai beaucoup de photos pour toi.「(5)。あなたのためにたくさん写真を撮るわ」と応じています。最後の文にかんがみると、空欄には、写真を見せることを承諾する意の文言が入るはずです。だとすると、①C'est impossible「不可能だわ」や③Pas question「論外よ」では正反対になってしまいます。②Pas de problème「問題ないわ」が正解です。

解答 (1) ③ (2) ③ (3) ③ (4) ② (5) ②

練習問題 2

次の会話を読み、（ 1 ）～（ 5 ）に入れるのに最も適切なものを、それぞれ右のページの①～③のなかから１つずつ選び、解答欄のその番号にマークしてください。

Christine : J'ai commencé le judo*.
Nathalie : Ah bon ? (1) ?
Christine : Trois mois. Je vais au centre de sport une fois par semaine.
Nathalie : Mais (2) ?
Christine : Une collègue me l'a recommandé. Elle m'a dit que j'avais toujours l'air fatiguée et qu'il fallait que je fasse de l'exercice.
Nathalie : Tu vas mieux maintenant ?
Christine : Oui, beaucoup mieux. Je (3) même après un travail dur et long.
Nathalie : J'ai aussi l'impression que tu es plus calme qu'avant.
Christine : (4). En faisant du judo, on peut entraîner** le corps et l'esprit à la fois.
Nathalie : C'est intéressant. Mais c'est (5) pour moi. Je ne suis plus jeune.
Christine : Le judo est adapté aux hommes et femmes de tous âges.

*judo : 柔道
**entraîner : 鍛える

(1) ① Avec qui
② C'est un sport japonais, n'est-ce pas
③ Il y a combien de temps

(2) ① où se trouve le centre de sport
② pourquoi tu as commencé le judo
③ quel jour de la semaine

(3) ① me sens trop fatiguée
② ne me sens plus fatiguée
③ ne suis plus en forme

(4) ① Il n'y a pas de quoi
② Pas du tout
③ Tout à fait

(5) ① peut-être trop ancien
② trop tard
③ vraiment trop cher

(13 春)

解説 Christine と Nathalie が柔道について話をしています。

まず Christine が柔道を習いはじめたと言っています。それを聞いた Nathalie は、Ah bon ? (1) ?「ああ、そうなの？ (1) ?」と尋ねます。すると Christine は、Trois mois.「3ヵ月よ」と答えます。返答の内容が期間になっていますから、空欄に入るのは、③ Il y a combien de temps「どのくらい前から」しかありません。

つづいて Nathalie は、Mais (2) ?「でも (2) ?」と尋ねます。これもまた、直後の Christine の答えを見ればすぐに判断がつきます。Une collègue me l'a recommandé. Elle m'a dit que j'avais toujours l'air fatiguée et qu'il fallait que je fasse de l'exercice.「ある女性の同僚が私にそれをすすめたの。彼女は、私がいつも疲れた様子をしているので、運動をするべきだと言ったのよ」。つまりNathalieは、Christineが柔道を習いはじめたきっかけを聞いていたことになります。正解は②Pourquoi tu as commencé le judo「なぜあなたは柔道を始めたのですか」です。

さらに、NathalieはChristineに対して、柔道を始めてから体調がよくなったかと質問します。Christineは、Oui, beaucoup mieux.「ええ、はるかによくなったわ」と答えて、Je (　3　) même après un travail dur et long.「辛くて長い仕事のあとでさえも（　3　）」と付け加えています。①me sens trop fatiguée「あまりにも疲労を感じすぎます」や、③ne suis plus en forme「もはや元気ではありません」は、beaucoup mieuxという発言と矛盾します。正解は②ne me sens plus fatiguée「もはや疲労を感じません」です。

それからNathalieは、Christineが以前よりも落ちついているように見える、とコメントします。おそらく柔道のおかげで精神状態も安定するようになったのでしょう。これに対してChristineは、(　4　). En faisant du judo, on peut entraîner le corps et l'esprit à la fois.「(　4　)。柔道をすることで、肉体と同時に精神も鍛えることができるのよ」と返答します。空欄の前後から判断すれば、会話の流れに合う選択肢を選ぶことができるはずです。①Il n'y a pas de quoi「どういたしまして、なんでもありません」は、的はずれな応答です。②Pas du tout「ぜんぜんちがいます」では、空欄のあとの発言と矛盾してしまいます。正解は③Tout à fait「まったくそのとおり」となります。

Nathalieはその返答を受けて、C'est intéressant.「それは興味深いわ」と言います。ついに彼女も柔道を習ってみたくなったのでしょうか。しかし、柔道に関心を示しつつも、Nathalieはその直後に、Mais c'est (　5　) pour moi. Je ne suis plus jeune.「でも私には（　5　）。私はもう若くないのよ」と付け加えます。柔道を始めてみようかと思ったものの、年齢を理由にためらっているのですから、②trop tard「遅すぎる」が正解です。③vraiment trop cher「本当に高すぎる」は、会話の内容からずれています。①peut-être trop ancien「おそらく古すぎる」だと、柔道が古すぎるということになってしまうので、これも不自然です。

解答　(1) ③　(2) ②　(3) ②　(4) ③　(5) ②

練習問題 3

次の会話を読み、(1)～(5) に入れるのに最も適切なものを、それぞれ右のページの①～③のなかから 1 つずつ選び、解答欄のその番号にマークしてください。

Sylvie : Fabien, (1) ?

Fabien : Je dessine les accusés* et les avocats dans les tribunaux**. On voit parfois mes dessins dans le journal ou à la télévision.

Sylvie : C'est une profession particulière. On ne peut pas prendre de photos dans les tribunaux ?

Fabien : (2), c'était permis. Mais les appareils photo de l'époque faisaient beaucoup de bruit. (3) une loi a interdit de s'en servir dans les tribunaux.

Sylvie : Ah, c'est intéressant. Mais beaucoup de gens font-ils ce travail en France ?

Fabien : (4). Il y a seulement cinq personnes dans ce métier. De plus, on ne gagne pas beaucoup avec ce métier. Je suis donc obligé de faire un autre travail. En ce moment, je donne des cours de dessin.

Sylvie : Qu'est-ce qu'on dessine dans vos cours ?

Fabien : On dessine surtout (5). Il s'agit d'hommes ou de femmes.

*accusé : 被告人
**tribunal : 裁判所、法廷

(1) ① où est-ce que vous étiez hier
② quel est votre métier
③ vous avez passé de bonnes vacances

(2) ① Autrefois
② Bientôt
③ De nos jours

(3) ① C'est pourquoi
② Malgré cela,
③ Sans doute,

(4) ① Bien sûr
② Non, très peu
③ Oui, on est assez nombreux

(5) ① des animaux
② des plantes
③ des visages

(15 春)

解説 法廷画家の Fabien が Sylvie に仕事内容を説明しています。

まず、Fabien, (1) ? と Sylvie に尋ねられた Fabien が、Je dessine les accusés et les avocats dans les tribunaux.「法廷で被告人と弁護士のイラストを描いている」と答えています。選択肢は①où est-ce que vous étiez hier「きのうはどこにいたのですか」、②quel est votre métier「あなたの職業は何ですか」、③vous avez passé de bonnes vacances「あなたはよい休暇を過ごしましたか？」です。Fabien は自分の職業が何であるのかを説明しているのですから、②が正解です。

つづいて Sylvie は、On ne peut pas prendre de photos dans les tribunaux ?「法廷では写真を撮ることができないのですか？」と尋ねます。それに対して Fabien は、(2), c'était permis.「(2)、それは許されていた」と答えています。Sylvie の質問が現在形であるのに対して、Fabien の答えが半過去形になっていることに注意しましょう。つまり、現在と過去が対比されています。選択肢は①Autrefois「かつて」、②Bientôt「まもなく」、③De nos jours「現代では」ですから、正解は①です。

さらにFabienは、Mais les appareils photo de l'époque faisaient beaucoup de bruit.「しかし、当時のカメラは音がうるさかった」と述べてから、(3) une loi a interdit de s'en servir dans les tribunaux.「(3)、法廷でカメラを使用することを法律が禁止にした」と話をつづけています。文と文の因果関係に着目しましょう。カメラの音がうるさかったという原因があって、法律によって禁止されたという結果があるわけです。②Malgré cela,「それにもかかわらず」や、③Sans doute,「おそらく」では、話がつながりません。正解は①C'est pourquoi「そういうわけで」です。

つづいてSylvieは、Ah, c'est intéressant.「ああ、それはおもしろいですね」と感想を述べたあとに、Mais beaucoup de gens font-ils ce travail en France ?「しかし、フランスではたくさんの人がこの仕事をしているのですか？」と尋ねています。Fabienは、(4). Il y a seulement cinq personnes dans ce métier.「(4)。この職業をしている人はたった5人しかいません」と答えています。Fabienのこの答えから判断すれば、会話の流れに合う選択肢を選ぶことができるはずです。①Bien sûr「もちろんです」や、③Oui, on est assez nombreux「はい、かなりたくさんの人がいます」では、会話の流れに合いません。正解は②Non, très peu「いいえ、ひじょうに少ない」です。

最後に、Sylvieは、Qu'est-ce qu'on dessine dans vos cours ?「あなたの授業では何をデッサンしているのですか」と質問しています。これに対して、FabienはOn dessine surtout (5). と答えたあと、Il s'agit d'hommes ou de femmes.「男性か女性です」と付け加えています。このil s'agit de「それは〜である」という表現に着目しましょう。男性か女性なのですから、デッサンの対象になっているのは人間です。①des animaux「動物」でも②des plantes「植物」でもありません。正解は③des visages「顔」です。

解答 (1) ② (2) ① (3) ① (4) ② (5) ③

練習問題４

次の会話を読み、（　1　）～（　5　）に入れるのに最も適切なものを、それぞれ右のページの①～③のなかから１つずつ選び、解答欄のその番号にマークしてください。

Rina : Qu'est-ce que vous faites (　1　) ?

Olivier : Je suis professeur de français dans une école de langues à Tours. Tours se trouve sur la Loire* dans l'ouest de la France.

Rina : Ah, Tours... J'y ai seulement changé de train pour aller visiter les châteaux de la Loire.

Olivier : C'est dommage ! (　2　) visiter aussi cette belle ville. Surtout le vieux quartier, celui de mon école, qui est très charmant.

Rina : Ah, d'accord, c'est décidé : je la visiterai la prochaine fois ! (　3　), vous avez beaucoup d'élèves dans votre école ?

Olivier : Non, mais ils deviennent amis d'autant plus facilement. Et moi, je peux connaître bien tous mes élèves.

Rina : (　4　). Comme ça, ils peuvent apprendre plus vite le français.

Olivier : Tout à fait. (　5　), à Tours, les gens sont sympathiques.

Rina : C'est bien, ça ! Je recommanderai votre école à mes amis.

*la Loire : ロワール川

(1) ① cet après-midi
② comme sport
③ dans la vie

(2) ① Il est impossible de
② Il faut éviter de
③ Vous auriez dû

(3) ① À mon avis
② Au fait
③ Malgré tout

(4) ① Ça a l'air compliqué
② C'est parfait
③ Je n'en ai pas envie

(5) ① Au contraire
② En plus
③ Malheureusement

(17 秋)

解説 Rina と Olivier が、トゥールという町の語学学校について話しています。

まず Rina が Olivier に対して、Qu'est-ce que vous faites (1) ?「あなたは（ 1 ）何をしていますか」と質問します。Olivier は次のように答えます。Je suis professeur de français dans une école de langues à Tours. Tours se trouve sur la Loire dans l'ouest de la France.「私はトゥールにある語学学校でフランス語教師をしています。トゥールはフランス西部のロワール川沿いにあります」。この返答から、Rina は Olivier の職業を尋ねていたことがわかります。したがって、（ 1 ）には③dans la vie が入ります。①cet après-midi「きょうの午後」、②comme sport「スポーツとしては」を選ぶと、いずれもOlivierの答えと対応しません。faireはひじょうに広い意味の動詞ですので、実際に会話のなかで使う場合には、このようになんらかの限定をつけておくと、曖昧さを解消することができます。

次にRinaが、Ah, Tours... J'y ai seulement changé de train pour aller visiter les châteaux de la Loire.「ああ、トゥールですか…、私はそこで、ロワールのお城めぐりをするために、ただ列車を乗りかえたことがあります」と言います。これを聞いてOlivierは、C'est dommage !（ 2 ）visiter aussi cette belle ville. Surtout le vieux quartier, celui de mon école, qui est très charmant.「それは残念ですね！あの美しい町も訪れる（ 2 ）。とくに旧市街、私の学校がある地区は、とてもすてきですよ」と返します。Olivierはトゥールの町を訪問することをすすめているわけですから、①Il est impossible de「～することはできない」、②Il faut éviter de「～するのは避けなければならない」はいずれも不適です。正解は③Vous auriez dû「あなたは～すべきでした」です。auriez dûはdevoirの条件法過去で、過去においてするべきだったのに実際にはしなかったことを残念に思う、あるいは非難する表現です。重要な表現なので覚えておきましょう。同様に、pouvoirを用いて、Tu aurais pu aller à la vieille ville.「旧市街に行くこともできたのに（＝行かなかったのは残念だね）」などのような言い方もできます。

つづいて、RinaはAh, d'accord, c'est décidé : je la visiterai la prochaine fois !「へえ、そうなんですか、じゃあきまりね。次回はその町を訪れることにします！」と応じたあと、（ 3 ）, vous avez beaucoup d'élèves dans votre école ?「（ 3 ）、あなたの学校にはおおぜいの生徒がいるのですか？」と質問します。空欄の前後でややことなった話をしていますので、ここには話題を転換するための語句が入ると推測されます。正解は②Au fait「ところで」です。①À mon avis「私の意見では」と言ったあとすぐに相手への質問をつづけるのは不自然ですし、③Malgré tout「にもかかわらず」だと、トゥールの町に肯定的な評価をしている前文の内容とうまくつながりません。

このRinaの問いに対して、Olivierは、Non, mais ils deviennent amis d'autant plus facilement. Et moi, je peux connaître bien tous mes élèves.「いいえ、でも、彼らはそれだけ容易に友だちになります。そして私は、生徒たち全員をよく知ることができます」と答えます。〈 d'autant＋比較級 〉は「そ

れだけいっそう～」という表現です。つづけてRinaは、(4). Comme ça, ils peuvent apprendre plus vite le français.「(4)。だとすると、彼らはより速くフランス語を習得できますね」と応じます。この空欄には、① Ça a l'air compliqué「ややこしそうですね」も、③ Je n'en ai pas envie「そんな気にはなれません」も明らかに不適です。正解は② C'est parfait「申し分ありませんね」となります。

このRinaの発言に対して、OlivierはTout à fait. (5), à Tours, les gens sont sympathiques.「その通りです。(5)、トゥールの人々は気さくです」と応じます。最後にRinaは、C'est bien, ça ! Je recommanderai votre école à mes amis.「それはすばらしいですね！あなたの学校を私の友人たちにすすめておきます」と言ってます。この空欄に、① Au contraire「反対に」という逆接の表現や、③ Malheureusement「残念なことに」という否定的なニュアンスをふくむ表現は適合しません。トゥールの語学学校のよいところを指摘したあと、さらにトゥールの人々のよいところを重ねる形で述べていますので、② En plus「そのうえ」を選ぶのが適切です。

解答　(1) ③　(2) ③　(3) ②　(4) ②　(5) ②

練習問題 5

次の会話を読み、（　1　）～（　5　）に入れるのに最も適切なものを、それぞれ右のページの①～③のなかから１つずつ選び、解答欄のその番号にマークしてください。

Georgette : Élise... Élise !
Élise : Silence ! (　1　), Georgette. La conférence* n'est pas encore terminée.
Georgette : Mais comme il parle longtemps, ce monsieur ! Ça fait déjà combien de temps qu'il parle ?
Élise : (　2　). Ça va durer encore, il me semble.
Georgette : Je m'ennuie à mourir... Au fait, c'est qui, ce monsieur ?
Élise : Je crois qu'il est professeur à la faculté de médecine.
Georgette : (　3　) alors ?
Élise : De médecine, peut-être.
Georgette : « Peut-être » ? Toi non plus tu ne comprends pas ce qu'il dit ?
Élise : (　4　). C'est trop difficile pour moi.
Georgette : Mais tu prends des notes en l'écoutant.
Élise : Des notes ? Ah non, je dessine son visage. Regarde, (　5　) ?
Georgette : Oui, ça lui ressemble beaucoup !

* conférence : 講演

(1) ① Je ne te vois pas bien
② Parle moins fort
③ Un peu plus haut

(2) ① Dans une heure
② Il y a une heure
③ Plus d'une heure

(3) ① De qui parles-tu
② De quoi parle-t-il
③ D'où vient-il

(4) ① Oui, comme toi
② Pas du tout
③ Si, je comprends tout

(5) ① c'est entendu
② tu es d'accord
③ tu trouves ça bien

(18 春)

解説 医学の講演に出席したものの、退屈してしまった Georgette と Élise のやりとりです。会話をたどりながら順に見ていきましょう。

まず、Georgette が Élise... Élise！と呼びかけると、Élise は Silence！(1), Georgette. La conférence n'est pas encore terminée.「静かに！（ 1 ）、Georgette。講演はまだ終わってないよ」と答えます。2 人がだれかの講演を聞いていること、講演の最中に Georgette が Élise に話しかけていることがわかります。ただし、話しかけられた Élise はまず「静かに！」と言っているので、空欄には Georgette をたしなめる表現が入ると見当がつくでしょう。①Je ne te vois pas bien「あなたがよく見えない」は文脈からはずれていますし、③Un peu plus haut「もう少し大きな声で」はÉliseの前後の発言と矛盾します。正解は②Parle moins fort「もっと小さな声で話してよ」となります。

つづきを読んでいきましょう。GeorgetteがMais comme il parle longtemps, ce monsieur ! Ça fait déjà combien de temps qu'il parle ?「でもなんて話が長いのかしらね、あの人は。もうどれくらい話している？」と尋ねたのをうけて、Éliseは（ 2 ）. Ça va durer encore, il me semble.「（ 2 ）。まだつづくと思うよ」と答えます。（ 2 ）の3つの選択肢は、いずれも時間にかかわるものですが、Georgetteは「もうどれくらい話している？」と聞いているのですから、Éliseは「時間の長さ」を答えているはずです。ですので、時刻ないし時点を示している①Dans une heure「1時間後だよ」と②Il y a une heure「1時間前だよ」はどちらも除外できます。③Plus d'une heure「1時間以上だよ」が正解となります。

GeorgetteはJe m'ennuie à mourir...「退屈で死にそう…」と言ったあと、Au fait, c'est qui, ce monsieur ?「ところで、あの人だれ？」とÉliseに尋ねます。ÉliseはJe crois qu'il est professeur à la faculté de médecine.「医学部の教授だと思う」と答えています。facultéは「能力」という意味の名詞ですが、ここでのように「（大学の）学部」という意味もありますので覚えておきましょう。médecineは「医学」です。さらにGeorgetteは（ 3 ） alors ?「それで（ 3 ）？」と何かを聞き、ÉliseはDe médecine, peut-être.「医学についてでしょ、たぶん」と答えます。（ 3 ）の選択肢のうち、①De qui parles-tu「あなたはだれのことを話しているの？」は、Éliseが答えとして「だれか」のことを言っておらず、また、自分自身が話していることについての質問にpeut-êtreを付けて答えるのは不自然なことから、不正解とわかるでしょう。③D'où vient-il「彼はどこの出身？」も文脈と無関係な質問です。②De quoi parle-t-il「彼は何について話しているの？」が正解です。

「医学についてでしょ、たぶん」という投げやりな答えから、GeorgetteはÉliseも講演をちゃんと聞いていないのではないかと思いはじめたようです。そこでÉliseに、« Peut-être » ? Toi non plus tu ne comprends pas ce qu'il dit ?「『たぶん』ですって？　あなたも彼の言っていることがわからないの？」と尋ねます。これに対するÉliseの答えが、（ 4 ）. C'est trop difficile pour moi.「（ 4 ）。私にはむずかしすぎるもの」です。会話の流れから、空欄には、Georgetteの否定疑問文をうけ、Éliseもやはり講演を理解していないという内容の語句が入ると予想できます。したがって、③Si, je comprends tout「いや、全部わかっているよ」は除外されます。①Oui, comme toi「うん、あなたと同じようにね」は、日本語で考えると一見正しいようですが、ここはやはりフランス語の論理で考えなければなりません。否定をふくむ疑問で「わからないの？」と聞かれて、「わからない」のであれば、ouiやsiではなく、nonで答えます。否定を表わす②Pas du tout「全然わからないよ」が正解です。

Éliseが講演を聞いていないとすると、Georgetteには不思議に思えることがあり、Mais tu prends des notes en l'écoutant.「でも聞きながらメモをとっているでしょ」と指摘します。これにÉliseは、Des notes ? Ah, non, je dessine son visage. Regarde, (5) ?「メモ？　ああ、そうじゃなくて、あの人の顔を描いているの。見てよ、（ 5 ）？」と応じ、さらにGeorgetteがOui, ça lui ressemble beaucoup.「うん、よく似ているね」と答えて、会話が終了します。会話の流れから、（ 5 ）にはÉliseの描く似顔絵に関する質問が入ることが想像できます。①c'est entenduと②tu es d'accordは、空欄に入れると、いずれも「わかった？」という意味ですから、似顔絵に関する質問にはなりません。③tu trouves ça bienが正解で、ÉliseはGeorgetteに「これ、いいと思う？」と似顔絵のできばえについて聞いているわけです。

解答　(1) ②　(2) ③　(3) ②　(4) ②　(5) ③

書き取り試験

35～40語程度の文章を全文書き取る問題です。3級では、読まれる文中の空欄部分に入るべき語を書き入れる部分書き取りですが、準2級からは本格的な dictée です。

書き取るべき文章は4回読まれます。最初の2回はふつうの速さで読まれますが、この段階ではまだ書き取り始めないで、よく聞いて内容を理解するようにします。文意がわからないと正確に書き取れません。ただし、聞き取りが途切れてしまわない程度にメモは取りましょう。

3回目に書き取りますが、書き取るのに十分なポーズがありますから、あわてる必要はありません。わからない部分はあけておいて、とにかくできるだけ多く書き取りましょう。最後にもう1回ふつうの速さで読まれるので、欠落部分をうめるチャンスはあります。

読み終えてから2分間、見なおす時間があります。文法的な知識の助けも借りて、性・数一致などを確認しましょう。この場合、答案全体を通読することが大切です。フランス語では、発音に表われないちがいがいろいろあります。名詞を複数形にしたときの語末の s や、動詞の3人称複数形の活用語尾 -ent も発音されません。たとえば、elle marche と elles marchent は、音だけでは判別できません。また、名詞が代名詞に置きかえられるとき、元の名詞が単数なのか複数なのかに留意しながら聞いていくことも重要です。

書き取り問題の対策としては、とにかく dictée を繰り返すしかありません。リエゾン、アンシェヌマン、エリジョンを、手を動かして体得するだけでなく、dictée に必要な、句読点を指示することばを覚える必要もあります。準2級では、ごく一般的な句読点しか出てきませんが、念のため確認しておきましょう。

.	point	?	point d'interrogation
,	virgule	!	point d'exclamation
;	point-virgule	...	points de suspension
:	deux-points		

3回目に読まれるときに、たとえば point と言われたら、「.」を記せという指示ですので、聞こえたとおりに point と書いてはいけません。1つの文

がそこで終わるというしるしですから、当然そのあとの文は大文字で書き始めます。

さらに、言うまでもないことですが、つづりは正確に書かなければなりません。単語が正確に書けるかどうかが試されているのです。アクサン記号の向きがどちらかわからないような粗雑な書き方は論外です。正しく読み取れない解答は、採点の対象外であることを肝に銘じておきましょう。

以下では、ここ数年で実際に出題された問題を、ポイントとなる点、出題時に多く見られた間違いなどとともに見ていくことにします。おもに **練習問題 1** で全般的な注意点を説明し、**練習問題 2** から **練習問題 5** まで、実際の答案から気をつけるべきポイントを探っていきます。

練習問題1

注意事項

フランス語の文章を、次の要領で4回読みます。全文を書き取ってください。

・1回目、2回目は、ふつうの速さで全文を読みます。内容をよく理解するようにしてください。
・3回目は、ポーズをおきますから、その間に書き取ってください（句読点も読みます）。
・最後に、もう1回ふつうの速さで全文を読みます。
・読み終ってから2分後に聞き取り試験に移ります。
・数を書く場合は、算用数字で書いてかまいません。

［音声を聞く順番］ 01 → 01 → 02 → 01

（14春）

解説 熱を出した赤ん坊の話です。語り手は1人称・複数のnousです。

大きく4つの文で構成されており、時制は半過去、複合過去、現在で構成されていますが、語彙はいずれも基本的な単語ばかりです。リエゾンする箇所は、第2文のnous sommes‿allé(e)sと、第3文のLe docteur nous‿a donnéの2箇所です。なお、nous sommes allésは、主語のnousが女性・複数の可能性もあるため、alléesでも正解となります。いずれにしても、主語は複数ですので、過去分詞にsを付ける必要があります。bébé、fièvre、médecin(s)、allé(e)s、hôpital、donné、médicamentといったアクサン記号のついた語にはとくに注意が必要です。de la fièvre、de médecin(s)、à l'hôpital、du village、l'enfantの冠詞にも気をつけましょう。なお、médecinは複数形médecinsでもかまいません。va mieuxの箇所は音を正確に聞き取るのがむずかしいでしょうか。

書き取り問題で複雑な動詞の活用が問われることはまずありません。基本的な動詞の活用や過去分詞の性・数一致についても確認しておきましょう。あまり知られていませんが、書き取りの練習は、文章の正しい読み方を身につけることにもつながります。書き取りの練習が終わったら、それを自分で同じように音読してみましょう。すでに書き取っている文章は、内容や論理もわかっていますし、リエゾン・アンシェヌマンをふくめ語のつながりも知っています。これを音読モデルとして利用しない手はありません。書き取りの練習は、このあとおこなわれる2次試験に必要な発音・音読の能力の向上にも役立ちます。

簡単な日本語訳を付けておきます。「昨晩、私たちの赤ちゃんに熱があった。私たちの村には医者がいないので、私たちは近隣の村の病院へ行った。医師は私たちに薬をくれた。そしてけさ、子どもはよくなっている」。

解答（読まれる文） Hier soir, notre bébé avait de la fièvre. Comme il n'y a pas de médecin(s) dans notre village, nous sommes allé(e)s à l'hôpital du village voisin. Le docteur nous a donné un médicament. Et ce matin, l'enfant va mieux.

練習問題２

注意事項

フランス語の文章を、次の要領で４回読みます。全文を書き取ってください。

- １回目、２回目は、ふつうの速さで全文を読みます。内容をよく理解するようにしてください。
- ３回目は、ポーズをおきますから、その間に書き取ってください（句読点も読みます）。
- 最後に、もう１回ふつうの速さで全文を読みます。
- 読み終ってから２分後に聞き取り試験に移ります。
- 数を書く場合は、算用数字で書いてかまいません。

［音声を聞く順番］ 03 → 03 → 04 → 03

（15 秋）

解説 朝日に映える湖畔の風景を描写した文章です。非人称の il および特定の人物を示さない on を主語とする、客観的な文体になっています。

全体は４つの文で構成されており、時制は現在と複合過去が用いられています。語彙はいずれも基本的な単語ばかりですが、アクサン記号に注意しなければいけない箇所があります。リエゾンする箇所はありません。

とりわけ a plu の部分がむずかしかったようで、plu を *pleu*、*pleut*、*plus*、*plut* と書いてしまった誤答が多くありました。また est revenu の部分では、revenu を *revenue* のように、必要のない e を付けた答案や、助動詞の est のみを書いて過去分詞の revenu を書いていない答案がめだちました。

hier soir の部分で、hier を *il y a* と書いた答案がありました。*il y a soir* では意味のある文をなしません。l'ancien の箇所も難易度が高かったようで、*loin chien*、*long champs*、*long chien*、*un chien* などの誤答がありました。ひとつひとつの単語自体のつづりは正しいのですが、組み合わせるとやはり文意が不明です。また、おそらく英語に引きずられて、l'*ancient* のように不必要な t を付けた答案もめだちました。聞き取れた単語のつづりをただ単に書くのではなく、文全体の意味をつねに考えることが大切です。

le soleil の部分では、*la* soleil、*les* soleil のように冠詞をまちがえたものや、

soleile、*soreille*、*soreil* のようなつづりのまちがいがありました。基本的な語彙に関しては、日ごろから正しく書けるようにきちんと練習しておきましょう。

des gens の箇所では、gens を *jeunes* と書いた答案がめだちました。qui prennent の箇所では、*prend* のように単数形にした解答が散見しました。関係代名詞 qui の先行詞が gens という複数名詞であることに注意しましょう。

ほかにも多かった誤答をあげると、on *voir*、on *vois*、*trés* bien、*trè* bien、*dupuis*、*blan*、*blon*、*blon*、*blong*、*blond*、*branc* などがありました。ごく簡単な日本語訳を付けておきます。「きのうの夜、雨が降った。しかし、けさ、日ざしがもどった。丘のうえの白い古城がよく見える。湖から城を眺めるために船に乗る人たちがいる」。

解 答（読まれる文） Il a plu hier soir. Mais ce matin, le soleil est revenu. On voit très bien l'ancien château blanc sur la colline. Il y a des gens qui prennent le bateau pour l'admirer depuis le lac.

練習問題3

注意事項

フランス語の文章を、次の要領で4回読みます。全文を書き取ってください。

・1回目、2回目は、ふつうの速さで全文を読みます。内容をよく理解するようにしてください。
・3回目は、ポーズをおきますから、その間に書き取ってください（句読点も読みます）。
・最後に、もう1回ふつうの速さで全文を読みます。
・読み終わってから2分後に聞き取り試験に移ります。
・数を書く場合は、算用数字で書いてかまいません。

［音声を聞く順番］ 05 → 05 → 06 → 05

（16春）

解説 映画のヒーローになりたい男性の話です。語り手は1人称・単数のjeです。

4つの文で構成されており、時制は半過去、複合過去、現在が用いられています。録音の音声ではリエゾンした箇所はありません。

誤りの多かった箇所をあげます。この文章は一貫して1人称・単数で語られていますが、半過去の活用語尾をまちがって、j'étais を j'*était*、je voyais を je *voyait* としてしまっている誤答が一定数ありました。単語の最後の子音は発音されませんが、文法上の規則から正しい活用を書き取ることができるように訓練しておいてください。

同様に、beaucoup de films américains の複数 s については、語末の子音なので発音はされませんが、意味のうえでかならず付くものですので、忘れないようにしましょう。かなり多くの人が *film* と、s を落としてしまっていました。

最後の文章の de petits rôles については、発音から複数であることを聞き取るのはかなりむずかしかったようです。本来ならば複数の不定冠詞が付いて des rôles となるところですが、petits や grands のように、形容詞が複数形で、かつ名詞に先行する場合は、des が de に変化するという文法規則があります。ちなみに、この de は、あとにつづく名詞が母音で始まっている場合には、d’になりますので気をつけましょう。

héros「ヒーロー、主役」という語に関しては、実際の試験ではひじょうにできがよくありませんでした。h で始まる語はいつも低調ですが、この問題では無解答の答案も多く見られました。héros は、数としては少ない有音の h で始まる単語です。しかも、やっかいなことに、単数でも語末に s があり、さらに女性形 héroïne は無音の h で始まる語とみなされ、トレマも付きます。ですが、いずれも仏検では 3 級レベルに位置づけられています。有音／無音の区別、発音、つづりを確認しながら、両方いっしょに覚えましょう。誤答としては、最後の s やアクサン記号、語頭の h を忘れて、*héro*、*hero*、*ero* などとしたものがありました。

ほかにもアクサン記号のついた語があります。l’âge を l’*age*、je suis entré を je suis *entre*、cinéma を *cinema* としてしまった誤答が多く見うけられました。アクサン記号にも十分注意しましょう。

日本語訳を付けておきます。「私は子どものころ、たくさんアメリカ映画を見ていた。そしてヒーローになることを夢見ていた。18 歳のとき、映画の世界に俳優として入った。それ以来、小さな役しか演じていない」。

解 答（読まれる文） Quand j’étais enfant, je voyais beaucoup de films américains. Et je rêvais de devenir un héros. À l’âge de 18 ans, je suis entré dans le monde du cinéma comme acteur. Depuis, je ne joue que de petits rôles.

練習問題 4

注意事項

フランス語の文章を、次の要領で4回読みます。全文を書き取ってください。

・1回目、2回目は、ふつうの速さで全文を読みます。内容をよく理解するようにしてください。
・3回目は、ポーズをおきますから、その間に書き取ってください（句読点も読みます）。
・最後に、もう1回ふつうの速さで全文を読みます。
・読み終わってから2分後に聞き取り試験に移ります。
・数を書く場合は、算用数字で書いてかまいません。

［音声を聞く順番］ 07 → 07 → 08 → 07

（17春）

解説 将来ファッション業界で働くことをめざしている女性の話です。語り手は1人称・単数ですが、je は現れず、主語は Ma cousine「私のいとこ」とその代名詞 elle のみとなっています。

すべての文の時制が現在ですし、リエゾンは vingt-deux‿ans [vɛ̃døzɑ̃] の1箇所だけです。もちろん数字は22と書いてけっこうです。

聞き取って内容を理解することは容易だったはずですが、ただ、やはり聞き取った語句を正確に書けるかどうかが問題です。

冒頭部分の「私のいとこ」は女性ですので、cousine と書くべきところですが、男性形 *cousin* を書いてしまった答案がありました。また、音は似ていても意味的にはまったくかけはなれた *cuisine*「台所、料理」や、単語としては存在しない *cusine* といった誤答もありました。また、travailler と不定詞にすべきところを、*travaille*、*travaillez*、*travaillé* とした誤答もありました。直前に Elle veut があるわけですから、不定詞がつづくということに気がつかなければなりません。物理的な音の類似性にばかり気をとられて、文法がおろそかになってはいけません。

単純なミスですが、Tous les dimanches の dimanches を単数形の *dimanche* と書いた誤答がひじょうに多く見られました。これは、dimanches の直前の

les [le] の音が正しく聞こえていたならば、避けることのできたはずのミスと言えます。

きわめてできの悪かった箇所が2箇所あります。1つ目は、Elle se sent heureuse「彼女は自分が幸せだと思う」の se sent の部分です。ここでは〈se sentir ＋形容詞〉「自分が～だと思う」という表現が使われていますが、この表現そのものを知らなかったせいか、se *sont*、*ce sont* などの誤答がめだちました。なお、この文の主語は Elle ですので、heureuse はそれに性・数一致させなければなりません。2つ目は、de jolies robes の部分です。ここでは〈de ＋形容詞の複数形＋名詞の複数形〉という形が問われています。**練習問題3** にもあったように、この形は書き取り問題で過去に何度も問われているものです。基本的な文法項目ですので、目で見て、あるいは耳で聞いて理解するだけでなく、しっかり書けるようにしておきましょう。誤答として、de *jolie robe*、de *joli robe*、*des* jolies robes などがありました。

アクサン記号のある単語が musée、vêtements、journée と3つありましたが、比較的よくできていました。

文章全体の日本語訳を付けておきますので、参考にしてください。

「私のいとこは22歳だ。彼女はファッション業界で働きたいと思っている。毎週日曜日、彼女は服飾美術館を訪れ、1日中そこにいる。かわいらしいドレスを見るとき、彼女は幸せを感じるのだ」。

解 答（読まれる文） Ma cousine a 22 ans. Elle veut travailler dans la mode. Tous les dimanches, elle visite le musée des vêtements et elle y reste toute la journée. Elle se sent heureuse quand elle regarde de jolies robes.

練習問題 5

注意事項

フランス語の文章を、次の要領で4回読みます。全文を書き取ってください。

・1回目、2回目は、ふつうの速さで全文を読みます。内容をよく理解するようにしてください。
・3回目は、ポーズをおきますから、その間に書き取ってください（句読点も読みます）。
・最後に、もう1回ふつうの速さで全文を読みます。
・読み終わってから2分後に、聞き取り試験にうつります。
・数を書く場合は、算用数字で書いてかまいません。

［音声を聞く順番］ 09 → 09 → 10 → 09

（18秋）

解説 まもなく6歳になる息子のために、Marie が本屋でプレゼントの本をさがすという話です。全部で4文からなり、時制としては現在、単純未来にくわえ複合過去がふくまれています。リエゾンされた箇所は six‿ans（ただし数字は「6」と書いてけっこうです）、est‿allée、belles‿images の3箇所ありました。さらに主人公は Marie と女性で、主語人称代名詞は elle が用いられるため、過去分詞の性・数一致も考慮しなくてはならない箇所がありました。以下、誤りの多かった箇所を中心に解説していきます。

第1文ではマリーにはまもなく6歳になる息子がいることが述べられています。まもなくですから動詞 avoir は単純未来形で aura と書かなくてはなりません。ところが活用形のミスで *auras* と書いてしまったり、現在形 *a* や条件法現在 *aurait* と書いた誤答が少なからず見られました。ここでは直後に bientôt と未来を示す語がつづいていますので、未来形であることに気づいてもらいたいところです。さらに、bientôt を *bientot*、*bientout* としたり、*bien tôt* と離して書いた誤答も見られました。アクサンのついた語はまちがえやすいという傾向がありますが、これは基本単語ですからしっかりと確認しておいてください。つづく第2文は Elle が主語として始まっています。aller の複合過去は助動詞に être を用いますので、過去分詞は主語と性・数一致し、est alléeとなります。これもごく基本的な文法事項ですが、書き取りに慣れていないからでしょうか、*allé*、*aller*、*allait*とした誤答が多く見られました。とくにaller、allaitは文法的にありえません。書き取ったあとで文法的に適切か、性・数一致でミスがないかどうか、かならず見なおしをする習慣を身につけておいてください。なお、この書き取り問題でひじょうにできの悪かったもののひとつがlibrairie「書店」です。この単語は、そもそも書けなかった人も多く、書いたとしても*librarie*とした誤答が目につきました。[r]の音にはさまれて聞き取りにくいところかもしれませんが、そのつづりでは[e]の音になりませんね。フランス語のつづりと音についての規則（ai [e]、au [o]、etc.）をもう1度見なおしておきましょう。つづいて誤答が多かったのがun livre plein de belles imagesです。まずpleinのつづりを*plan*や*prend*とした誤答がめだちました。belles imagesについては、*belle image*のように複数形にできていないもの、そしてリエゾンが理解できなかったからか*belle*のみのもの、あるいはbelles *image*といった惜しいものもふくめ、さまざまな誤答が見られました。いずれも初級文法および基本語彙からなる文です。とくに性・数一致の部分は何度も見なおしましょう。さらにこの問題を通じてもっともできが悪かったのが最後の文のsûreです。じつに9割以上の人がまちがえていました。誤答としては*sûr*あるいは*sur*と性の一致ができていないものが5割近くありました。Elle est sûreは〈主語＋ être ＋形容詞〉というひじょうにシンプルな文型です。こうしたところでは形容詞の性・数一致を見のがさないよう、練習を繰り返していただきたいと思います。さらにこの文最後の語plairaの得点率も低いものでした。plaireという動詞が用いられていることには気づきつつも、正しく活用させている人は少数でした。多かったのは、s'il vous plaîtという表現からの連想でしょうか、*plaîra*という誤答です。単純未来形ではアクサンは不要です。この動詞もよく使われますから、ぜひ活用を正しく覚えておきましょう。

文章全体の日本語訳を付けておきますので参考にしてください。「マリーにはまもなく6歳になる息子がひとりいる。彼女は息子へのプレゼント見つけるため、書店に行った。1時間後、彼女はきれいな絵のたくさん載った本を1冊買った。彼女はこの本が息子の気に入ることを確信している」。

解 答（読まれる文） Marie a un fils qui aura bientôt six ans. Elle est allée à la librairie pour lui trouver un cadeau. Une heure plus tard, elle a acheté un livre plein de belles images. Elle est sûre que ce livre lui plaira.

聞き取り試験

1

読まれるテキストを聞いたあとで、テキストの内容についての 5~6 つの質問が読まれます。それら 5~6 つの質問に対する応答が解答用紙に印刷されていて、それらの応答の文中にある 8 つの空欄に 1 語ずつ書き入れる問題です。記述式問題で、空欄数 8、配点は各 1 点、合計 8 点です。

これまで出題されたテキストは、すべて会話でした。まずテキストを聞き、次に質問を聞き、そしてもう 1 回テキストを聞きます。それから、解答を記入するためのポーズをおいて再度質問が読まれます。最後にもう 1 回テキストが読まれるので、最終確認をします。空欄が設定された応答文は、問題冊子に印刷されているので、あらかじめ読んでおきましょう。テキストが会話の場合、話者の名前が呼ばれたりして会話中に出てくればいいのですが、かならずしもそうとはかぎりません。話者の名前がテキスト中に出てこない場合は、問題冊子の問題指示文中に示されています。耳で聞いてすぐには理解できない地名なども、問題指示文中に、その語のつづりとそれに対応する日本語が示されます。また、たとえば、医師や店員など、職業が記されている場合などは、会話の状況を理解するための重要な手がかりになります。

当然のことですが、記述式問題ですので、つづりや性・数一致については細心の注意をはらいましょう。読まれるテキストも質問も、目で見ることはできないので、語の正確なつづりを知っていなければ、得点になりません。動詞のそれぞれの活用形も正確に書けなければなりません。毎回、アクサン記号の欠落、つづりのまちがいのせいで得点できない事例がかなりあるようです。数を記入する場合は、算用数字で書くよう指示されていますが、文字で書いても、つづりが正確であれば誤答にはなりません。

印刷されている応答文の空欄の前後にも、解答の手がかりとなる重要な情報があります。空欄に入る名詞や形容詞の性・数がわかったり、聞き取りの際に、とくにどの箇所に注意して聞いたらよいのかを教えてくれます。

空欄に書き入れるべき語は、ほとんどの場合、読まれるテキストに出てくる語ですが、テキストに出てこない語を記入しても、その語をふくむ応答文が、テキストの内容に即していて、質問に対する適切な答えになっていれば許容されます。しかし、そのような冒険はせずに、テキストに出てきた語を書き入れるのが無難でしょう。

以下で、ここ数年で実際に出題された問題を、ポイントとなる点、出題時に多く見られたまちがいなどとともに見ていくことにします。

練習問題 1

・まず、Philippe と Béatrice の会話を聞いてください。
・続いて、それについての 6 つの質問を読みます。
・もう 1 回、会話を聞いてください。
・もう 1 回、6 つの質問を読みます。1 問ごとにポーズをおきますから、その間に、答えを解答用紙の解答欄にフランス語で書いてください。
・それぞれの（　）内に 1 語入ります。
・答えを書く時間は、1 問につき 10 秒です。
・最後に、もう 1 回会話を聞いてください。
・数を記入する場合は、算用数字で書いてください。
（メモは自由にとってかまいません）

［音声を聞く順番］ ⓫ → ⓬ → ⓫ → ⓭ → ⓫

(1) Elle a choisi d'étudier l'(　　　　) de l'Afrique.

(2) Parce que le (　　　　) de Béatrice n'a pas beaucoup de livres sur l'Afrique.

(3) Il est dans la ville (　　　　).

(4) Oui, elle l'a (　　　　) visité quand elle était (　　　　).

(5) Elle se trouve au (　　　　) étage.

(6) Il faut qu'elle (　　　　) sa carte d'élève à l'(　　　　).

（15 春）

（読まれるテキスト）

Philippe : Qu'est-ce que tu as choisi comme sujet de devoir ?

Béatrice : J'ai choisi d'étudier l'histoire de l'Afrique.

Philippe : Ah bon. Ton travail avance bien ?

Béatrice : Non, pas tellement. Il n'y a pas beaucoup de livres sur l'Afrique dans notre lycée.

Philippe : Alors, tu devrais aller au musée de la ville voisine.

Béatrice : Je l'ai souvent visité quand j'étais enfant. Mais est-ce qu'il y a des livres dans le musée ?

Philippe : Oui, il y a une bibliothèque au troisième étage.

Béatrice : Je ne savais pas. Moi aussi, je peux y aller ?

Philippe : Oui, mais il faut que tu montres ta carte d'élève à l'entrée.

（読まれる質問）

un : Qu'est-ce que Béatrice a choisi comme sujet de devoir ?

deux : Pourquoi le travail de Béatrice n'avance pas bien ?

trois : Où est le musée ?

quatre : Est-ce que Béatrice a visité le musée plusieurs fois ?

cinq : La bibliothèque se trouve à quel étage du musée ?

six : Qu'est-ce que Béatrice doit faire pour utiliser la bibliothèque du musée ?

解説 Philippe と友人の Béatrice が宿題のテーマについて話しています。話題の中心になっていることを実際におこなう側、そしてそのことについて質問する側はどちらでしょうか。会話のなかでの役割を理解することが、文脈をとらえるうえで重要なポイントになります。

(**1**)の質問は、「Béatrice は宿題のテーマに何を選びましたか」です。会話の最初で Béatrice は Philippe に、J'ai choisi d'étudier l'histoire de l'Afrique.「アフリカの歴史を勉強することにしたの」と言っているので、Elle a choisi d'étudier l'(histoire) de l'Afrique. が正解です。誤答としては、*histore*、*histoir*、*istoire*、*historie* などが見られました。とくに h で始まる単語は正しくつづることができるようにしっかり復習しておきましょう。

(**2**)の質問は、「Béatrice の勉強はなぜうまく進んでいないのですか」です。Philippe の Ton travail avance bien ?「宿題はうまく進んでいる？」という質問に対して、Béatrice は Non, pas tellement. Il n'y a pas beaucoup de livres sur l'Afrique dans notre lycée.「いいえ、そんなには。高校にはアフリカに関する本があまりないの」と答えています。したがって、正解は、Parce que le (lycée) de Béatrice n'a pas beaucoup de livres sur l'Afrique. です。誤答の大半は *licée* としたものでしたが、そのほか *lissé*、*lysé*、*lycé* なども散見しました。lycée に関連する école、collège、université も準 2 級の語彙の範囲内ですので、合わせて覚えましょう。

(**3**)の質問は、「博物館はどこですか」です。Philippe が Béatrice に、Alors, tu devrais aller au musée de la ville voisine.「じゃあ、隣町の博物館に行ったほうがいいよ」とすすめています。したがって、正解は、Il est dans la ville (voisine). となります。誤答としては、*boisine* という日本語話者にはありがちなまちがいや、n を 2 つ重ねてしまった *voisinne* がひじょうに多く見られました。

(**4**)の質問は、「Béatrice は博物館を何度も訪ねていますか？」です。Philippe に隣町の博物館に行くことをすすめられた Béatrice は、Je l'ai souvent visité quand j'étais enfant.「そこは子どものときによく訪ねたわ」と言っています。したがって、正解は、Oui, elle l'a (souvent) visité quand elle était (enfant). となります。誤答としては、souvent については、*souvant*、*souvont*、*suvent* と書いた答案がめだちました。enfant については、*enfante*、*enfent*、*enfint*、*enfain*、*enfance* などの誤答がありました。

(**5**)の質問は、「図書室は博物館の何階にありますか」です。Mais est-ce qu'il

y a des livres dans le musée ?「でも博物館に本があるの？」と尋ねるBéatrice に対して、Philippe は、Oui, il y a une bibliothèque au troisième étage.「うん、4 階に図書室があるよ」と言っています。正解は、Elle se trouve au (troisième / 3e / $3^{\text{ème}}$) étage. となります。*3* のみを書いた誤答が多く見られました。また、*troisiéme* のようにアクサン記号がまちがっている例も散見しました。数字に関しては、基数だけでなく序数もときおり出題されますので、しっかり書けるようにしておきましょう。

(**6**)の質問は、「博物館の図書室を利用するために Béatrice は何をしなければいけませんか」です。Moi aussi, je peux y aller ?「私も行けるの？」と Béatrice が尋ねると、Philippe は Oui, mais il faut que tu montres ta carte d'élève à l'entrée.「うん、でも入り口で学生証を見せないといけないよ」と答えています。よって正解は、Il faut qu'elle (montre) sa carte d'élève à l'(entrée). です。montre の誤答例としては、*monte*、*mantre* といったつづりのまちがいのほかに、*montrer* と不定詞を書いた誤答もありました。Il faut que のあとには接続法がつづくことを確認しておきましょう。今回は第 1 群規則動詞で、主語が 3 人称・単数だったので、接続法・現在形と直説法・現在形がたまたま同じでしたが、人称によってはことなる場合があります。動詞部分を解答する際には、法・時制にとくに注意しましょう。entrée に関しては、*entré*、*antrée*、*éntrée*、*entreé* といった誤答がめだちました。アクサン記号が付いている単語にも注意しましょう。また、entrée はぜひ sortie「出口」と対にして覚えてください。

解答 (1) (histoire)　(2) (lycée)　(3) (voisine)
(4) (souvent) (enfant)　(5) (troisième / 3e / $3^{\text{ème}}$)
(6) (montre) (entrée)

練習問題 2

・まず、Sophie と Nicolas の会話を聞いてください。
・つづいて、それについての 5 つの質問を読みます。
・もう 1 回、会話を聞いてください。
・もう 1 回、5 つの質問を読みます。1 問ごとにポーズをおきますから、その間に、答えを解答用紙の解答欄にフランス語で書いてください。
・それぞれの（　　）内に 1 語入ります。
・答えを書く時間は、1 問につき 10 秒です。
・最後に、もう 1 回会話を聞いてください。
・数を記入する場合は、算用数字で書いてください。
（メモは自由にとってかまいません）

［音声を聞く順番］ ⓮→⓯→⓮→⓰→⓮

（1） Il l'est depuis deux (　　　　).

（2） Parce que c'est la plus (　　　　) de la (　　　　).

（3） Oui, il est (　　　　) dans un (　　　　) au pied de la montagne.

（4） Il lui conseille de (　　　　) de grosses chaussures.

（5） Il y a de la (　　　　) même en (　　　　).

（17 春）

(読まれるテキスト)

Sophie : Vous êtes guide dans cette montagne depuis longtemps ?
Nicolas : Non, juste depuis deux mois.
Sophie : Pourquoi avez-vous choisi cette montagne ?
Nicolas : Parce que c'est la plus belle de la région. Je la vois tous les jours depuis mon enfance.
Sophie : Vous êtes d'ici ?
Nicolas : Oui, je suis né dans un village au pied de la montagne.
Sophie : Alors, vous la connaissez bien déjà. Est-ce qu'on peut y aller demain ?
Nicolas : Oui. Mais mettez de grosses chaussures.
Sophie : Ah bon ? Est-ce qu'il y a encore de la neige maintenant ?
Nicolas : Oui, même en été. Il y en a surtout en haut de la montagne.

(読まれる質問)

un : Nicolas est guide depuis quand ?
deux : Pourquoi Nicolas a choisi cette montagne ?
trois : Est-ce que Nicolas est de cette région ?
quatre : Qu'est-ce que Nicolas conseille à Sophie de faire ?
cinq : Qu'est-ce qu'il y a en haut de la montagne ?

解説 山岳ガイドをしているNicolasにSophieが質問するという場面です。
(**1**)の質問は「Nicolasはいつからガイドをしていますか」です。Sophieの最初の質問 Vous êtes guide dans cette montagne depuis longtemps ?「あなたはずっと以前からこの山のガイドをしているのですか？」に対して、Nicolas は Non, juste depuis deux mois.「いいえ、ほんの2ヵ月前からです」と答えていますので、Il l'est depuis deux (mois). が正解です。時間の単位を表わす語彙はひんぱんに出題されます。minute、heure、jour、semaine、mois、an (année)、siècle などはひとまとめにして覚えるとよいでしょう。ちなみに、ここの l' (= le) は中性代名詞で、属詞の guide をうけています。誤答として、劣等比較級の *moins* がありましたが、これでは意味をなしません。入れてみて文法的・意味的に明らかにおかしいと思ったら、すぐに別の可能性を考えましょう。

(**2**)の質問は「なぜ Nicolas はこの山を選んだのですか」です。Sophie の2番目の質問 Pourquoi avez-vous choisi cette montagne ?「なぜあなたはこの山を選んだのですか」に対して、Nicolas は、Parce que c'est la plus belle de la région. Je la vois tous les jours depuis mon enfance.「なぜなら地域で一番美しい山だからです。私はこの山を子どものころから毎日見ているのです」と答えています。この答えの前半部分を参考にすると、正解は Parce que c'est la plus (belle) de la (région). となります。beau は他の一般的な形容詞とはことなる変化をし、男性・単数第2形（bel）もあります。ここは女性・単数形ですので、忘れずに l を2つ重ねましょう。誤答としては、**練習問題 1** (3)と同様、日本語話者にはありがちな *vent*、*velle* などがありました。région に関しては、アクサン記号を落とした *region* や複数形にしてしまった *régions* などの誤答がありました。

(**3**)の質問は「Nicolas はこの地域の出身ですか？」です。Sophie の3番目の質問 Vous êtes d'ici ?「あなたはここの出身ですか？」に対して、Nicolas は Oui, je suis né dans un village au pied de la montagne.「ええ、私はこの山のふもとの村で生まれました」と答えていますので、Oui, il est (né) dans un (village) au pied de la montagne. が正解です。né に関しては、性をまちがえた *née* や *nait*、*ne*、village に関しては、*virage*、*visage*、*vilage* などの誤答がありました。village も、それから ville もやはり l を2つ重ねますので注意しましょう。

(**4**)の質問は「Nicolas は Sophie に何をするようアドバイスしていますか」で

す。Sophie の４番目のせりふには、Alors, vous la connaissez bien déjà. Est-ce qu'on peut y aller demain ?「ということは、あなたはこの山をすでによく知っているということですね。あしたそこに行くことは可能ですか？」とあります。それに対して、Nicolas は Oui. Mais mettez de grosses chaussures.「ええ、可能です。でも、厚めの靴をはいてください」と答えていますので、Il lui conseille de (mettre) de grosses chaussures. が正解です。Nicolas が Sophie にアドバイスをしたときには、Mais mettez de grosses chaussures. と動詞 mettre は命令形になっていましたが、conseiller という動詞は、〈 conseiller à ＋人 de ＋不定詞 〉で「〔人〕に〜することをアドバイスする」となりますので、mettre の不定形が正解になります。誤答のなかでは *metter*、*met*、*faire* が多数ありました。ちなみに、靴以外でも、帽子、シャツ、上着、ズボン、靴下、めがね、腕時計などを身につける動作を表わす場合には mettre を用います。身につけている状態を表わす場合には porter を用います。

(**5**)の質問は「山の高いところには何がありますか」です。「厚めの靴をはいてください」という Nicolas のアドバイスをうけた Sophie は、Ah bon ?「ああ、そうなんですか」と反応したあと、Est-ce qu'il y a encore de la neige maintenant ?「今でも雪があるんですか？」と Nicolas に質問しています。それに対して Nicolas は、Oui, même en été. Il y en a surtout en haut de la montagne.「ええ、夏でもあります。とくに山の高いところには」と答えていますので、Il y a de la (neige) même en (été). が正解です。neige については、１つ目の空欄の前に部分冠詞の女性形があることが若干のヒントになるでしょうか。été は être の過去分詞と同じ形です。ほかの季節とともに、printemps、été、automne、hiver と４つまとめて覚えましょう。neige の誤答として、*naige*、*néige*、*nège*、*nêge*、*néage* などがありました。また、なぜか *montagne* という誤答もかなりありました。été に関しては、*êtê*、*ête*、*août* などの誤答がありました。

解答 (1) (mois)　(2) (belle) (région)　(3) (né) (village)
(4) (mettre)　(5) (neige) (été)

練習問題 3

・まず、François とホテルの受付係の会話を聞いてください。
・つづいて、それについての 5 つの質問を読みます。
・もう 1 回、会話を聞いてください。
・もう 1 回、5 つの質問を読みます。1 問ごとにポーズをおきますから、その間に、答えを解答用紙の解答欄にフランス語で書いてください。
・それぞれの（　　）内に 1 語入ります。
・答えを書く時間は、1 問につき 10 秒です。
・最後に、もう 1 回会話を聞いてください。
・数を記入する場合は、算用数字で書いてください。
（メモは自由にとってかまいません）

［ 音声を聞く順番 ］ ⓱→⓲→⓱→⓳→⓱

(1) Le 1er (　　　　).

(2) Une chambre avec grand (　　　　) et (　　　　).

(3) (　　　　) euros.

(4) Oui, il y en a une au dernier (　　　　). Elle est gratuite pour les (　　　　).

(5) Il y viendra en (　　　　) vers (　　　　).

（17 秋）

（読まれるテキスト）

La réceptionniste : Allô, Hôtel de Provence, bonjour !

François : Bonjour, madame, je voudrais réserver une chambre.

La réceptionniste : Oui, pour combien de personnes et pour quelles dates ?

François : Pour une personne, du 1er octobre au 4 octobre.

La réceptionniste : D'accord. Une chambre pour une personne pour trois nuits. Nous avons une chambre avec grand lit et douche.

François : Quel est son prix ?

La réceptionniste : 95 euros.

François : Alors, je la prends, s'il vous plaît. Je m'appelle François Dupont. Euh... est-ce qu'il y a une piscine dans l'hôtel ?

La réceptionniste : Oui, il y en a une au dernier étage. Elle est gratuite pour les clients.

François : Bon. J'arriverai en voiture, très tard, vers minuit.

La réceptionniste : Très bien. C'est entendu.

（読まれる質問）

un : Quand est-ce que François veut arriver à l'hôtel ?

deux : Quelle sorte de chambre reste-t-il ?

trois : Quel est le prix de la chambre ?

quatre : Est-ce qu'il y a une piscine dans l'hôtel ?

cinq : Comment et à quelle heure est-ce que François arrivera à l'hôtel ?

解説 François とホテルの受付係 (réceptionniste) の会話です。

(**1**)の質問は、「François はホテルにいつ到着したいと考えていますか」です。会話のなかで受付係が Oui, pour combien de personnes et pour quelles dates ?「(ホテルの予約は) 何人分で、滞在はどの日がご希望ですか」と尋ねたのに対して、François は、Pour une personne, du 1er octobre au 4 octobre.「1 人で、10 月 1 日から 10 月 4 日までです」と答えています。したがって、Le 1er (octobre). が正解です。*octorbre*、*octombre* などのつづりまちがいが散見しました。octobre をふくめ、月名は 1 月から 12 月までしっかり書けるようにしておいてください。

(**2**)の質問は、「彼はどんな種類の部屋に泊まりますか」です。会話のなかで受付係が Nous avons une chambre avec grand lit et douche.「ダブルベッドとシャワー付きの部屋を 1 室ご用意できます」と提案したのに対し、値段についてのやりとりをはさんで、François が Alors, je la prends, s'il vous plaît.「それでは、その部屋をお願いします」と答えていますので、正解は、Une chambre avec grand (lit) et (douche). となります。lit は動詞 lire の直説法・現在・3 人称・単数形と同じつづりです。たとえつづりがまったく同じでなくとも、フランス語は最後の子音を発音しないことが多いため、同音異義語が多く存在します。とくに lit のような単音節の語には注意が必要です。前後の文脈から空欄に入る語の品詞を特定できれば大きなヒントになります。douche については、chambre avec douche のほかに、salle de douche、prendre une douche といった定形表現として使えるように、さらに bain「風呂」と対にして、覚えておきましょう。lit の部分には *lis*、douche の部分には *douch*、*douce* などの誤答が見うけられました。

(**3**)の質問は、「その部屋の値段はいくらですか」です。会話文中で、François の Quel est son prix ?「部屋の値段はいくらですか」という問いに対して、受付係が 95 euros. と答えているので、正解は (95) euros. です。問題冊子に「数を記入する場合は、算用数字で書いてください」という注記がありますが、(Quatre-vingt-quinze) euros. も正解としました。ただし、その場合はトレデュニオンもふくめ絶対につづりをまちがえないようにしてください。誤答としては、*94*、*84*、*80*、*85* などがありました。60台〜90台の数字の聞き取りはよく出題されますので、意識的に練習しておいてください。

(4)の質問は、「ホテルにプールはありますか？」です。会話のなかで、François は、Euh... est-ce qu'il y a une piscine dans l'hôtel ?「ええっと…、ホテルにプールはありますか？」と質問します。すると受付係は、Oui, il y en a une au dernier étage. Elle est gratuite pour les clients.「はい、最上階にございます。ご宿泊のお客様には無料です」と答えています。したがって正解は、Oui, il y en a une au dernier (étage). Elle est gratuite pour les (clients). となります。dernier は「最後の」という意味ですが、ここでは dernier étage で「最上階」を表わしています。étage については、*etage* とアクサン記号が抜けた誤答や、*étrange* という誤答が散見しました。clients については、空白の答案のほか、*cliants*、*client*、*cliens*、*cryon*、*crayon* などさまざまな誤答が見うけられました。

(5)の質問は、「François はホテルにどのようにして、また何時に到着しますか」です。会話中、François は、J'arriverai en voiture, très tard, vers minuit.「私は車で、とても遅い時間、午前零時ごろ到着します」と言っています。したがって、正解は、Il y viendra en (voiture) vers (minuit). となります。voiture のかわりに auto、automobile も可としました。voiture については、会話文中で次に聞こえる très tard という語句に影響されて *tard*、*retard* という誤答が散見しましたが、これではホテルまでの交通手段を尋ねる問いに対する回答にはなりません。また、minuit に関して、もっとも多い誤答は *minuite* でした。語源（nuit「夜」の真ん中 mi-）を知っていれば、あるいは防げたミスでしょうか。

解答 (1) (octobre)　(2) (lit) (douche)　(3) (95)
(4) (étage) (clients)　(5) (voiture) (minuit)

練習問題 4

・まず、Jeanne と父親の会話を聞いてください。
・つづいて、それについての 6 つの質問を読みます。
・もう 1 回、会話を聞いてください。
・もう 1 回、6 つの質問を読みます。1 問ごとにポーズをおきますから、その間に、答えを解答用紙の解答欄にフランス語で書いてください。
・それぞれの（　　）内に 1 語入ります。
・答えを書く時間は、1 問につき 10 秒です。
・最後に、もう 1 回会話を聞いてください。
・数を記入する場合は、算用数字で書いてください。
（メモは自由にとってかまいません）

［音声を聞く順番］ ⑳→㉑→⑳→㉒→⑳

(1) Il est à l'hôpital depuis (　　　　).

(2) Oui, il s'est cassé le (　　　　) et les (　　　　).

(3) Il allait à la (　　　　).

(4) Non, il roulait (　　　　).

(5) Parce qu'il a essayé d'(　　　　) un chien qui est (　　　　) devant lui.

(6) Il pourra sortir dans (　　　　) jours.

（16 春）

（読まれるテキスト）

Jeanne : Tu peux me conduire à l'hôpital ? Mon ami Paul y est depuis samedi.

Le père : Qu'est-ce qu'il a ?

Jeanne : Il s'est cassé le nez et les jambes.

Le père : Qu'est-ce qui s'est passé ?

Jeanne : Il est tombé de moto en allant à la banque.

Le père : Il roulait très vite, je suppose ?

Jeanne : Non, il roulait lentement. Mais un chien est arrivé devant lui tout d'un coup. Alors, il a essayé de l'éviter. Et il est tombé.

Le père : Le pauvre ! Il a toujours mal ?

Jeanne : Oui, il a encore mal partout. Mais il pourra sortir de l'hôpital dans quelques jours.

（読まれる質問）

un : Depuis quand Paul est à l'hôpital ?

deux : Paul est blessé ?

trois : Quand Paul est tombé, il allait où ?

quatre : Paul roulait vite ?

cinq : Pourquoi Paul est tombé ?

six : Quand Paul pourra sortir de l'hôpital ?

解説 Jeanne とその父親が、Jeanne の友人の Paul に起こった出来事について話しています。

(**1**)の質問は、「Paul はいつから病院にいますか」です。会話の最初で Jeanne は父親に、Tu peux me conduire à l'hôpital ? Mon ami Paul y est depuis samedi.「私を車で病院に連れていってくれる？私の友だちの Paul がそこに土曜日からいるの」と言っているので、Il est à l'hôpital depuis (samedi). が正解です。誤答としては、*samdi*、*somedi* などが見られました。曜日はすべて書けるようにしておいてください。

(**2**)の質問は、「Paul はけがをしたのですか？」です。答えの文を見ると、冠詞から前の空欄には男性名詞・単数、後の空欄には複数の名詞が入ることが予測できます。会話文では、父親の Qu'est-ce qu'il a ?「彼はどうしたの」という質問に対して、Jeanne は Il s'est cassé le nez et les jambes.「彼は鼻と脚を骨折したの」と答えています。したがって、正解は、Oui, il s'est cassé le (nez) et les (jambes). となります。nez に対する誤答の大半は *né*、*née* などでしたが、これは naître「生まれる」の過去分詞であり、まったく意味をなしません。jambes の誤答については、複数の s を落としてしまった *jambe* や、e を落としてしまった *jambs* などがありました。身体の部分を表わす単語については、1 度網羅して覚えることをおすすめします（『仏検公式基本語辞典 3 級・4 級・5 級 新訂版』の「身体」の項を参照）。

(**3**)の質問は、「Paul は転んだとき、どこに行こうとしていましたか」です。父親が Qu'est-ce qui s'est passé ?「何が起きたの」と尋ねると、Jeanne は Il est tombé de moto en allant à la banque.「彼は銀行に行く途中バイクで転んだの」と答えています。会話文ではジェロンディフになっている部分が問われています。したがって、正解は、Il allait à la (banque). となります。誤答としては、*bank* と英語のつづりにしてしまったものが多く見られました。この banque や、musique、danse などのように、英語と似ているようでつづりのことなる単語にはとくに気をつけてください。また *banc* という誤答もありましたが、これでは「ベンチ」の意味になってしまいますし、そもそも最後の c は発音されません。

(**4**)の質問は、「Paul は速いスピードで運転していましたか？」です。父親に Il roulait très vite, je suppose ?「彼はとても速いスピードで運転していたのかな？」と聞かれた Jeanne は、Non, il roulait lentement.「いいえ、ゆっくり運転していたわ」と答えています。したがって、正解は、Non, il roulait (lentement). となります。この語を知らなければ解けない問題です。誤答としては、*longtemps*、*lontement*、*longtement* などがありました。もとの形容詞 lent(e) とともにしっかり覚えておきましょう。

(**5**)の質問は、「なぜ Paul は転んだのですか」です。Jeanne は先ほどの発言につづけて、Mais un chien est arrivé devant lui tout d'un coup. Alors, il a essayé de l'éviter. Et il est tombé.「でも 1 匹の犬が突然彼の前にやってきたの。だから彼は犬を避けようとした。そして転んでしまったのよ」と言っています。正解は、これらを関係代名詞でひとつにまとめた Parce qu'il a essayé d'(éviter) un chien qui est (arrivé) devant lui. となります。éviter の誤答としては、*eviter* とアクサン記号を落としてしまったものが多く見られました。アクサン記号がなければ [ə] と発音が変わってしまいますので、注意してください。また、arrivé の誤答については、*tombé* としたものが意外と多くありました。転んでしまったのは Paul であって、犬ではありません。

(**6**)の質問は、「いつ Paul は退院できますか」です。父親が、Le pauvre ! Il a toujours mal ?「かわいそうに！彼はまだ悪いのかい？」と聞いたのに対して、Jeanne は Oui, il a encore mal partout. Mais il pourra sortir de l'hôpital dans quelques jours.「ええ、まだあちこち痛いのよ。でも何日かのうちに退院できるでしょう」と答えています。よって正解は、Il pourra sortir dans (quelques) jours. です。誤答としては、複数の s を落としてしまった *quelque* がひじょうに多く見られました。そのあとの jours が複数の s をともなっていることに気づきさえすれば、容易に避けることのできたケアレスミスではないでしょうか。

解答 (1) (samedi)　(2) (nez) (jambes)　(3) (banque)
(4) (lentement)　(5) (éviter) (arrivé)　(6) (quelques)

練習問題 5

・まず、Lucie と薬局の薬剤師の会話を聞いてください。
・つづいて、それについての 5 つの質問を読みます。
・もう 1 回、会話を聞いてください。
・もう 1 回、5 つの質問を読みます。1 問ごとにポーズをおきますから、その間に、答えを解答用紙の解答欄にフランス語で書いてください。
・それぞれの（　　）内に 1 語入ります。
・答えを書く時間は、1 問につき 10 秒です。
・最後に、もう 1 回会話を聞いてください。
・数を記入する場合は、算用数字で書いてください。
（メモは自由にとってかまいません）

［音声を聞く順番］ ㉓→㉔→㉓→㉕→㉓

(1) Depuis (　　　　) soir.

(2) Il a mal à la (　　　　) mais il n’a pas de (　　　　).

(3) Pour aller à la (　　　　) de son (　　　　).

(4) (　　　　) kilos.

(5) Après les (　　　　), avec un verre d’(　　　　).

（18 春）

（読まれるテキスト）

Le pharmacien : Bonjour madame.

Lucie : Bonjour, je voudrais quelque chose pour mon fils de 9 ans. Il est malade depuis hier soir.

Le pharmacien : Est-ce que vous êtes déjà allés chez le médecin ?

Lucie : Non. Je crois que ce n'est pas la peine.

Le pharmacien : Qu'est-ce qu'il a exactement, votre fils ?

Lucie : Il a mal à la gorge mais il n'a pas de fièvre. Il voudrait guérir le plus vite possible pour aller à la fête de son école dimanche prochain.

Le pharmacien : D'accord. Combien pèse-t-il ?

Lucie : 31 kilos.

Le pharmacien : Alors, votre fils doit prendre ce médicament trois fois par jour.

Lucie : Quand et comment est-ce qu'il doit le prendre ?

Le pharmacien : Après les repas, avec un verre d'eau. Lisez bien ce qui est écrit sur la boîte.

Lucie : Très bien. Merci. Au revoir monsieur.

（読まれる質問）

un : Depuis quand le fils de Lucie est-il malade ?

deux : Le fils de Lucie, qu'est-ce qu'il a exactement ?

trois : Pourquoi le fils de Lucie veut-il guérir le plus vite possible ?

quatre : Le fils de Lucie, combien pèse-t-il ?

cinq : Quand et comment le fils de Lucie doit-il prendre le médicament ?

解説 9歳の息子の具合が悪くなって薬局を訪れたLucieと薬剤師の会話です。

(1)の質問は「Lucieの息子はいつから具合が悪いのですか」です。冒頭の薬剤師のあいさつをうけて、LucieがBonjour, je voudrais quelque chose pour mon fils de 9 ans. Il est malade depuis hier soir.「こんにちは、9歳の息子用にいただきたいものがあります。きのうの夜から具合が悪くて」と話していますので、Depuis (hier) soir. が正解です。hier、aujourd'hui、demain、avant-hier、après-demainはまとめて覚えて、かつしっかり書けるようにしておきましょう。

(2)の質問は「Lucieの息子の具合は正確にはどうなのですか」です。薬剤師の2番目の質問Qu'est-ce qu'il a exactement, votre fils ?「息子さんの具合は正確にはどうなのですか」に対して、LucieはIl a mal à la gorge mais il n'a pas de fièvre.「のどが痛いんです、でも熱はありません」と答えています。したがって、正解はIl a mal à la (gorge) mais il n'a pas de (fièvre). となります。gorgeに関してはこの単語を知らない受験者が多かったのか、*gauge*、*groge*など、そもそも単語として存在しない誤答が多く見られました。「〜が痛い」という表現でよく使うものには、avoir mal à la gorgeのほかに、avoir mal à la tête「頭が痛い」、avoir mal au dos「背中が痛い」、avoir mal au ventre「お腹が痛い」、avoir mal aux dents「歯が痛い」などがあります。まとめて覚えておきましょう。fièvreに関しては、*fievre*や*fiévre*のようなアクサン記号の欠落やまちがいのほか、vとbとを取りちがえた*fièbre*という誤答も見られました。

(3)の質問は「Lucieの息子ができるだけ早くよくなりたいのはなぜですか」です。Lucieの3番目のせりふの後半部で、彼女はIl voudrait guérir le plus vite possible pour aller à la fête de son école dimanche prochain.「息子は今度の日曜日に学校のパーティに行くために、できるだけ早くよくなりたがっています」と言っていますので、Pour aller à la (fête) de son (école) が正解です。fête に関しては *fait* という誤答がめだちましたが、これでは「事実」という意味になってしまいます。*faite* では意味がさらにつうじません。*fete* とアクサン記号を欠落させた解答もありました。école は基本的な単語ですが、アクサン記号の欠落した *ecole* という答えがやはり散見しました。

(4)の質問は「Lucie の息子の体重はいくらですか」です。薬剤師の 4 番目のせりふの後半は、Combien pèse-t-il ?「息子さんの体重はいくらですか」という問いかけですが、これに対して Lucie は 31 kilos.「31 キロです」と答えています。(31) kilos. が正解です。算用数字ではなく、フランス語でつづる場合には (Trente et un) kilos. となりますが、「新しいつづり」にしたがって (Trente-et-un) kilos. としてもかまいません。

(5)の質問は「Lucie の息子は薬をいつどうやって飲まなければなりませんか」です。Lucie の 5 番目のせりふが Quand et comment est-ce qu'il doit le prendre ?「息子はいつどうやってそれを飲まなければなりませんか」です。ここでの代名詞 le は médicament「薬」を指しますから、この質問に対する薬剤師の答え Après les repas, avec un verre d'eau.「食事のあと、コップ 1 杯の水で飲んでください」から正解がわかります。すなわち、Après les (repas), avec un verre d'(eau). です。repas について、今回は複数形が問われていますが、この単語は単数形でも語末に s があり、単数形と複数形が同じ形になります。とくに単数形の場合には注意しましょう。

解答 (1) (hier)　(2) (gorge) (fièvre)　(3) (fête) (école)
(4) (31)　(5) (repas) (eau)

2

まず、150語前後の長さのテキストを聞いて、次に、そのテキストの内容について述べた10個の文を聞き、それら10個の文がテキストの内容に一致しているか否かを判断する問題です。選択式問題で、配点は各1点、合計10点です。

読まれるテキストの形式は、2006年度の第1回試験から2018年度までの13年間、計26回の出題問題のうち、1人称の文章が11回、3人称の文章が10回、手紙文が4回、報道文が1回でしたが、今後これら以外の形式のテキストが出題されないという保証はありません。

テキストは、聞き取り問題であることを考慮して、概して筆記問題の長文より平易です。内容について述べた文は、テキストの文の当該箇所とくらべて、一部表現を変えた語句が混じることもありますが、語順が多少ちがっていたり、代名詞を使わなかったりする程度で、ほぼ同じものであることが多いです。150語程度の短いテキストの内容について10個の文が設けられるのですから、正否の判断はあるにせよ、10個の文がそのまま読まれるテキストの要約になっていると考えればよいでしょう。

聞き取り試験1のように、答えの文の一部が解答用紙に印刷されていたりしないので、すべて耳で聞いて理解しなければなりません。当然、メモを取ることが重要になってきます。最初にテキストが2回読まれるので、しっかりとメモを取り、次に読まれる内容について述べた文を聞いて、それぞれの文の正否を判断します。内容について述べた文は2回読まれるので、再確認ができます。最後にもう1回テキストが読まれるので、最終チェックをします。

記述式ではなく、正否の判断をするだけなので、聞こえた文が理解でき、細部については忘れないようにメモを取れば、それほどむずかしい問題ではありません。

練習問題 1

・まず、Vincent の話を 2 回聞いてください。
・次に、その内容について述べた文(1)～(10)を 2 回通して読みます。それぞれの文が話の内容に一致する場合は解答欄の①に、一致しない場合は②にマークしてください。
・最後に、もう 1 回 Vincent の話を聞いてください。
（メモは自由にとってかまいません）

［ 音声を聞く順番 ］ ㉖→㉖→㉗→㉗→㉖

（14 秋）

（読まれるテキスト）

Quand j'étais enfant, je voulais devenir chanteur. À l'époque, j'habitais dans une ville de province et j'allais à l'église avec mes parents tous les dimanches. Chaque fois, nous chantions ensemble. J'étais toujours très heureux à l'église.

Après le lycée, je suis entré dans une école parisienne pour apprendre à chanter, parce qu'il n'y avait pas d'école de musique dans ma ville. Maintenant, je suis en deuxième année dans cette école et j'habite tout seul dans un appartement à Paris. C'est un plaisir d'apprendre à chanter. J'adore ma vie d'étudiant.

Samedi prochain, ce sera la fête de ma ville et je donnerai mon premier concert. Je serai très content de chanter devant mes amis.

（読まれるテキストの内容について述べた文）

un : Vincent voulait devenir chanteur quand il était petit.

deux : Vincent vient d'une ville de province.

trois : Vincent allait à l'église tous les dimanches quand il était petit.

quatre : Vincent était toujours très triste à l'église.

cinq : Dans la ville où Vincent habitait, il y avait une école de musique.

six : Vincent est allé dans une école parisienne pour apprendre à jouer du piano.

sept : Vincent habite tout seul dans un appartement parisien.

huit : Vincent aime beaucoup sa vie d'étudiant.

neuf : Samedi prochain, Vincent donnera son premier concert.

dix : Vincent ne veut pas chanter devant ses amis.

解説 パリで声楽を学んでいる Vincent が 1 人称で語っています。

10 の文は、最初に読まれる文章の内容順に並んでいますので、以下、その番号順に日本語訳を付けながら解説していきます。

(1) 「Vincent は小さいころ歌手になりたかった」。読まれる文章の第 1 文で、Quand j'étais enfant, je voulais devenir chanteur.「私は子どものころ歌手になりたかった」と言っていますので、内容に一致しています。

(2) 「Vincent は地方都市の出身である」。読まれる文章の第 2 文の前半部分に、À l'époque, j'habitais dans une ville de province [...]「当時（子どものころ）私は地方都市に住んでいた」とありますので、内容に一致します。

(3) 「Vincent は小さいころ毎週日曜日に教会へ行っていた」。(2) で参照した文のすぐあとに、[...] et j'allais à l'église avec mes parents tous les dimanches.「そして私は両親と毎週日曜日に教会へ行っていた」とあります。「教会へ行っていた」のも「当時（子どものころ）」の話ですから、内容に一致します。

(4)「Vincentは教会でいつもとても悲しかった」。第4文に、J'étais toujours très heureux à l'église.「私は教会でいつもとても幸せだった」とありますので、内容に一致しません。

(5)「Vincentの住んでいた町には、音楽学校があった」。第2段落第1文の後半部分に、[...] il n'y avait pas d'école de musique dans ma ville.「私の町には音楽学校がなかった」とありますので、内容に一致しません。

(6)「Vincentは、ピアノの演奏を学ぶためにパリの学校に行った」。(5)で参照した文の直前に、Après le lycée, je suis entré dans une école parisienne pour apprendre à chanter [...]「高校を卒業すると、私は声楽を学ぶため、パリの学校に入った」とありますので、内容に一致しません。

(7)「Vincentはパリのアパルトマンにひとりで住んでいる」。第2段落第2文に、Maintenant, je suis en deuxième année dans cette école et j'habite tout seul dans un appartement à Paris.「現在、私はこの学校の2年生で、パリのアパルトマンにひとりで住んでいる」とあります。したがって、内容に一致します。

(8)「Vincentは学生生活が大好きである」。(7)で参照した文のすぐあとに、C'est un plaisir d'apprendre à chanter.「声楽を学ぶのは楽しい」とつづき、第2段落の最後にJ'adore ma vie d'étudiant.「私は学生生活が大好きである」とあります。したがって、内容に一致します。

(9)「今度の土曜日に、Vincentは初めてコンサートを開く」。第3段落1文に、Samedi prochain, ce sera la fête de ma ville et je donnerai mon premier concert.「今度の土曜日は私の町の祭りで、私は初めてのコンサートを開く」とありますので、内容に一致します。

(10)「Vincentは友だちの前で歌いたくない」。第3段落の最後の文に、Je serai très content de chanter devant mes amis.「私は友だちの前で歌うのがとてもうれしい」とありますので、内容に一致しません。

解答 (1) ① (2) ① (3) ① (4) ② (5) ②
(6) ② (7) ① (8) ① (9) ① (10) ②

練習問題 2

・まず、Sophie の話を 2 回聞いてください。
・次に、その内容について述べた文(1)～(10)を 2 回通して読みます。それぞれの文が話の内容に一致する場合は解答欄の①に、一致しない場合は②にマークしてください。
・最後に、もう 1 回 Sophie の話を聞いてください。
（メモは自由にとってかまいません）（配点　10）

［ 音声を聞く順番 ］ ㉘→㉘→㉙→㉙→㉘

（13 秋）

(読まれるテキスト)

Je m'appelle Sophie. J'ai 20 ans. J'habite près de Lyon avec mes parents. Ils tiennent un café au centre de Lyon et j'y travaille tous les jours sauf le week-end. C'est dur de rester debout toute la journée et je suis fatiguée après le travail. Mais je suis contente de travailler dans ce café, car j'y rencontre beaucoup de gens.

Autour de notre café, il y a plusieurs monuments historiques et beaucoup de touristes viennent de pays divers pour visiter ces monuments. En parlant avec ces gens, je peux apprendre des mots étrangers. Je peux aussi connaître des cultures différentes. Ça m'intéresse beaucoup. En réalité, je ne suis jamais sortie de France, mais grâce à ces gens, j'ai l'impression de voyager à l'étranger. Aujourd'hui, je sais saluer en plusieurs langues.

（読まれるテキストの内容について述べた文）

un : Sophie a 22 ans.
deux : Sophie habite au centre de Lyon avec ses parents.
trois : Le café des parents de Sophie se trouve au centre de Lyon.
quatre : Sophie travaille tous les week-ends dans le café de ses parents.
cinq : Sophie n'aime pas travailler dans le café de ses parents.
six : Il y a des monuments historiques autour du café des parents de Sophie.
sept : Sophie peut apprendre des mots étrangers pendant son travail.
huit : Sophie s'intéresse beaucoup aux cultures différentes.
neuf : Sophie n'a jamais fait de voyage à l'étranger.
dix : Sophie sait saluer en plusieurs langues.

解説 両親が経営するリヨンのカフェで働き、外国人観光客を通して外国語に親しむ女性の話です。主人公の Sophie が 1 人称で語っています。

(1) 「Sophie は 22 歳である」です。読まれる文章の第 2 文で、J'ai 20 ans.「私は 20 歳である」と言っていますので、これは内容に一致しません。

(2) 「Sophie は両親とリヨンの中心街に住んでいる」です。読まれる文章の第 3 文に、J'habite près de Lyon avec mes parents.「私は両親とリヨンの近くに住んでいる」とあります。つまり、リヨンの市内には住んでいませんので、内容に一致しません。

(3) 「Sophie の両親のカフェはリヨンの中心街にある」です。第 4 文の前半部分に、Ils tiennent un café au centre de Lyon「彼ら（Sophie の両親）はリヨンの中心街でカフェを経営している」とありますので、内容に一致します。

(4) 「Sophieは毎週末、両親のカフェで働いている」です。(3)で参照した文のすぐあとに、j'y travaille tous les jours sauf le week-end.「私は週末をのぞいて毎日、そこ（カフェ）で働いている」とありますので、内容に一致しません。

(5) 「Sophieは両親のカフェで働くのが好きではない」です。第6文の前半部分に、Mais je suis contente de travailler dans ce café「でも私はこのカフェで働いて満足している」とありますので、内容に一致しません。

(6) 「Sophieの両親のカフェのまわりには、歴史的建造物がある」です。第2段落第1文の前半部分に、Autour de notre café, il y a plusieurs monuments historiques「私たちのカフェのまわりには、いくつもの歴史的建造物がある」とありますので、内容に一致します。

(7) 「Sophieは仕事のあいだに、外国のことばを学ぶことができる」です。(6)で参照した文のすぐあとから第2段落第2文にかけて、beaucoup de touristes viennent de pays divers pour visiter ces monuments. En parlant avec ces gens, je peux apprendre des mots étrangers.「多くの観光客がこれらの建造物を訪れるために、いろいろな国からやってくる。これらの人々と話すことで、私は外国のことばを学ぶことができる」とあります。したがって、内容に一致します。

(8) 「Sophieは異文化にとても興味がある」です。第2段落第3文と第4文に、Je peux aussi connaître des cultures différentes. Ça m'intéresse beaucoup.「私は異文化について知ることができる。それは私にとって、たいへん興味のあることだ」とあります。したがって、内容に一致します。

(9) 「Sophieは1度も外国に旅行したことがない」です。第2段落第5文の前半部分に、En réalité, je ne suis jamais sortie de France「じつは、私は1度もフランスから出たことがない」とありますので、内容に一致します。

(10) 「Sophieはいくつもの言語であいさつができる」です。最後の文に、Aujourd'hui, je sais saluer en plusieurs langues.「今日では、私はいくつもの言語であいさつができる」とありますので、内容に一致します。

解答

(1) ②　(2) ②　(3) ①　(4) ②　(5) ②

(6) ①　(7) ①　(8) ①　(9) ①　(10) ①

練習問題 3

・まず、Manon についての話を 2 回聞いてください。
・次に、その内容について述べた文(1)～(10)を 2 回通して読みます。それぞれの文が話の内容に一致する場合は解答欄の①に、一致しない場合は②にマークしてください。
・最後に、もう 1 回 Manon についての話を聞いてください。
（メモは自由にとってかまいません）

［音声を聞く順番］ ㉚→㉚→㉛→㉛→㉚

（16 春）

（読まれるテキスト）

Depuis deux ans, Manon travaille dans une petite bibliothèque de la ville où elle est née. Cette bibliothèque est construite dans un beau jardin. Elle possède plus de 100 000 livres pour enfants, des romans et des livres d'images... C'est pourquoi, dans la salle de lecture, il y a toujours beaucoup d'enfants avec leurs parents ou leurs grands-parents. Les enfants lisent tranquillement et ils ont l'air heureux. Il y a aussi un petit espace pour manger et pour boire. En regardant les enfants, Manon se souvient de son enfance. Car elle venait souvent dans cette bibliothèque. Manon et ses collègues doivent travailler beaucoup mais ils aiment leur travail.

Le week-end, quand elle est chez elle, Manon passe des heures à écrire des histoires pour enfants.

(読まれるテキストの内容について述べた文)

un : Manon travaille dans une bibliothèque depuis dix ans.
deux : La bibliothèque de Manon se trouve dans un jardin.
trois : La bibliothèque de Manon ne possède que 10 000 livres pour enfants.
quatre : Les enfants qui visitent la bibliothèque de Manon ne s'intéressent pas à la lecture.
cinq : Les enfants visitent tout seuls la bibliothèque de Manon.
six : Il est interdit de boire et de manger dans la bibliothèque de Manon.
sept : Quand elle était petite, Manon allait souvent dans la bibliothèque où elle travaille maintenant.
huit : Manon et ses collègues sont contents de leur travail.
neuf : Le week-end, Manon est si fatiguée qu'elle ne fait rien chez elle.
dix : Manon écrit des histoires pour enfants.

解説 地元の図書館に勤める Manon の話が、3 人称で語られています。

(1) 「Manon は 10 年前から図書館で働いている」。読まれる文章の冒頭では、Depuis deux ans, Manon travaille dans une petite bibliothèque de la ville où elle est née.「2 年前から、Manon は彼女の生まれた町の小さな図書館で働いている」と言っていますので、内容に一致しません。deux ans と dix ans はどちらもリエゾンしますのでむずかしいかもしれませんが、ことなっている部分の母音に注意してしっかり聞き分けてください。

(2) 「Manon の図書館は庭のなかにある」。第 2 文目に、Cette bibliothèque est construite dans un beau jardin.「この図書館は美しい庭のなかに建てら

れている」とありますので、内容に一致します。

⑶ 「Manonの図書館は、子ども向けの本を１万冊しか所蔵していない」。第３文目には、Elle possède plus de 100 000 livres pour enfants, des romans et des livres d'images.「それは10万冊以上の子ども向けの本や、小説や絵本を所蔵している」と言っていますので、内容に一致しません。なお、ここでの主語Elleは、女性名詞のbibliothèqueをうけています。

⑷ 「Manonの図書館を訪れる子どもたちは、読書に興味がない」。第５文目には、Les enfants lisent tranquillement et ils ont l'air heureux.「子どもたちは静かに読書しており、幸せそうだ」とありますので、内容に一致しません。

⑸ 「子どもたちはManonの図書館をひとりで訪れる」。少し前後しますが、第４文目に、C'est pourquoi, dans la salle de lecture, il y a toujours beaucoup d'enfants avec leurs parents ou leurs grands-parents.「だから、閲覧室ではつねに多くの子どもたちが、両親や祖父母といっしょにいる」とありますので、内容に一致しません。

⑹ 「Manonの図書館では、飲食は禁止されている」。第６文目に、Il y a aussi un petit espace pour manger et pour boire.「食べたり飲んだりするための小さなスペースもある」とありますので、内容に一致しません。〈il est interdit de +不定詞〉「〜することは禁じられている」という定形表現を知らないとなかなか解けないかもしれませんが、いずれにしても、文章を聞かずに、常識的に図書館では飲食禁止だから一致しているだろうなどと、思い込みだけで解答してはいけません。あくまで読まれる文章にもとづいて判断しましょう。

⑺ 「Manonは小さい頃、現在彼女が働いている図書館によく行ったものだ」。第７〜８文目には、En regardant les enfants, Manon se souvient de son enfance. Car elle venait souvent dans cette bibliothèque.「子どもたちを見ながら、Manonは自分の子ども時代を思い出す。なぜなら、彼女はよくこの図書館に来ていたからだ」とあります。したがって、内容に一致します。

⑻ 「Manonと彼女の同僚たちは、自分たちの仕事に満足している」です。第１段落最後の文には、Manon et ses collègues doivent travailler beaucoup mais ils aiment leur travail.「Manonとその同僚たちはたくさん働かなければならないが、自分たちの仕事が好きである」と言っていますので、内容に一致します。

(9)「週末、Manonはとても疲れているので、自宅でなにもしない」。〈si + 形容詞／副詞 que ...〉「とても～なので…」という構文をおさえておきましょう。読まれる文章は、第2段落のLe week-end, quand elle est chez elle, Manon passe des heures à écrire des histoires pour enfants.「週末、自宅にいるとき、Manonは子ども向けのお話を書いて何時間も過ごす」という文でしめくくられています。したがって、内容に一致しません。

(10)「Manonは子ども向けのお話を書いている」。Manonは週末自宅で子ども向けのお話を書いていますので、内容に一致します。

解答 (1) ② (2) ① (3) ② (4) ② (5) ②
(6) ② (7) ① (8) ① (9) ② (10) ①

練習問題 4

・まず、Kenji と Gérard についての文章を 2 回聞いてください。
・次に、その内容について述べた文(1)～(10)を 2 回通して読みます。それぞれの文が文章の内容に一致する場合は解答欄の①に、一致しない場合は②にマークしてください。
・最後に、もう 1 回文章を聞いてください。
（メモは自由にとってかまいません）

［音声を聞く順番］ ㉜→㉜→㉝→㉝→㉜

（17 秋）

（読まれるテキスト）

Kenji a soixante-cinq ans. Il vient de prendre sa retraite. Le mois prochain, il va voyager en France pour la première fois de sa vie ; c'était son rêve. Parce qu'il a un ami français, qu'il connaît depuis longtemps. Cet ami s'appelle Gérard. Il a le même âge que Kenji.

Gérard et Kenji étaient voisins à Tokyo, quand ils étaient petits. Ils jouaient souvent ensemble. C'est Kenji qui a enseigné le japonais à Gérard. Quand ils avaient onze ans, Gérard est retourné en France.

Après son retour en France, ils se sont écrit, en général en anglais. Car écrire en japonais, c'était trop difficile pour Gérard. Cela a duré pendant plus de cinquante ans. Gérard n'est jamais revenu au Japon pendant tout ce temps, et Kenji, lui non plus, n'a pas eu d'occasion d'aller en France.

Comme ils ne travaillent plus, ils auront beaucoup de temps pour se parler. Kenji a récemment commencé à étudier le français.

（読まれるテキストの内容について述べた文）

---

un　　: Kenji a soixante-quinze ans.
deux　: Kenji n'est jamais allé en France.
trois　: Kenji est plus âgé que Gérard.
quatre : Quand Gérard était petit, il habitait près de chez Kenji.
cinq　: Gérard n'a jamais appris le japonais.
six　　: Gérard est retourné en France à l'âge de onze ans.
sept　: Kenji et Gérard se sont écrit pendant plus de cinquante ans.
huit　: Gérard est revenu au Japon après son retour en France.
neuf　: Kenji et Gérard travaillent encore.
dix　　: Récemment, Kenji a commencé à étudier le français.

解説 Kenji と Gérard の長年にわたる交流が、3 人称で語られています。

(1)「Kenji は 75 歳である」。読まれる文章の冒頭で、Kenji a soixante-cinq ans.「Kenji は 65 歳です」と語られますので、内容に一致しません。

(2)「Kenji はフランスに行ったことがない」。第 3 文に Le mois prochain, il va voyager en France pour la première fois de sa vie ; c'était son rêve.「来月、彼（= Kenji）は生涯で初めてフランスに旅立ちます。それは彼の夢でした」とあります。来月初めてフランスに行くということは、この話が語られている時点では、Kenji はまだ 1 度もフランスに行ったことがない、ということですので、内容に一致します。

(3)「Kenji は Gérard よりも年上だ」。第 1 段落末尾で、Cet ami s'appelle Gérard. Il a le même âge que Kenji.「その友人の名は Gérard です。彼は Kenji と同い年です」と語られますので、内容に一致しません。

(4)「Gérard は小さかったころ、Kenji の家の近くに住んでいた」。第 2 段落第 1 文で、Gérard et Kenji étaient voisins à Tokyo, quand ils étaient petits.

「Gérard と Kenji は、小さいころ、東京で隣人どうしでした」と述べられていますので、内容に一致します。

(5) 「Gérard は日本語を学んだことがない」。第 2 段落第 3 文に、C'est Kenji qui a enseigné le japonais à Gérard.「Kenji が Gérard に日本語を教えました」とありますので、内容に一致しません。

(6) 「Gérard は 11 歳のときにフランスに帰った」。第 2 段落末尾に、Quand ils avaient onze ans, Gérard est retourné en France.「2 人が 11 歳のとき、Gérard はフランスに帰りました」とありますので、内容に一致します。

(7) 「Kenji と Gérard は、50 年以上の間文通していた」。第 3 段落第 1〜3 文に、Après son retour en France, ils se sont écrit, en général en anglais. Car écrire en japonais, c'était trop difficile pour Gérard. Cela a duré pendant plus de cinquante ans.「Gérard がフランスに帰ったあと、2 人はたいてい英語で文通しました。なぜなら、ジェラールにとって日本語で手紙を書くのはむずかしすぎたからです。それは 50 年以上の間つづきました」とありますので、内容に一致します。

(8) 「Gérard はフランスに帰国したあと、日本にふたたびやってきた」。第 3 段落 4 文で、Gérard n'est jamais revenu au Japon pendant tout ce temps, et Kenji, lui non plus, n'a pas eu d'occasion d'aller en France.「Gérard はその間、日本にふたたび来ることはありませんでしたし、Kenji もまたフランスに行く機会がありませんでした」と語られていますので、内容に一致しません。

(9) 「Kenji と Gérard はまだ働いている」。第 4 段落第 1 文に、Comme ils ne travaillent plus, ils auront beaucoup de temps pour se parler.「2 人はもう働いていないので、語り合う時間はたくさんあるでしょう」とありますので、内容に一致しません。この問題は、ne ... plus「もはや〜ない」を聞き取ることがポイントになっています。

(10) 「最近、Kenji はフランス語を勉強しはじめた」。第 4 段落末尾で、まさに Kenji a récemment commencé à étudier le français.「Kenji は最近フランス語を勉強しはじめました」と語られますので、内容に一致します。

解答 (1) ② (2) ① (3) ② (4) ① (5) ②
(6) ① (7) ① (8) ② (9) ② (10) ①

練習問題 5

・まず、日本に留学中の Isabelle が Nicolas に書いた手紙の文章を 2 回聞いてください。
・次に、その内容について述べた文(1)～(10)を 2 回通して読みます。それぞれの文が文章の内容に一致する場合は解答欄の①に、一致しない場合は②にマークしてください。
・最後に、もう 1 回文章を聞いてください。
（メモは自由にとってかまいません）

［ 音声を聞く順番 ］ ㉞→㉞→㉟→㉟→㉞

（16 秋）

（読まれるテキスト）

Cher Nicolas,

Tu vas bien ? Ça fait déjà deux mois que je suis arrivée au Japon. Maintenant, j'habite à Tokyo et j'étudie le japonais. Tous les jours sauf les samedis et les dimanches, j'ai trois cours de deux heures. En plus, il y a beaucoup de devoirs. Mais grâce à ce programme, j'ai fait de grands progrès en japonais.

La plupart de mes camarades sont chinois et coréens, et il n'y a qu'une Française dans la classe. Ils sont tous très gentils et ils sont tout de suite devenus mes amis. Comme ça, j'apprends aussi la culture chinoise et la culture coréenne.

Après trois mois de séjour à Tokyo, j'irai habiter à Kyoto. Là-bas, je pense étudier la cuisine japonaise. J'ai très envie de rencontrer les grands chefs de Kyoto.

Je rentrerai en France pendant les vacances d'hiver. Si c'est possible, j'aimerais te voir à cette occasion. J'aurai beaucoup de choses à te raconter !

Amitiés,

Isabelle

(読まれるテキストの内容について述べた文)

---

un : Isabelle est venue au Japon il y a trois mois.
deux : Maintenant, Isabelle habite à Tokyo.
trois : Isabelle a quatre cours tous les jours sauf les samedis et les dimanches.
quatre : Isabelle n'a jamais de devoirs à faire.
cinq : Isabelle n'a pas fait de grands progrès en japonais.
six : Il y a beaucoup d'étudiants français dans la classe d'Isabelle.
sept : Ses camarades de classe sont très gentils avec Isabelle.
huit : Isabelle va partir pour Kyoto après trois mois de séjour à Tokyo.
neuf : Isabelle va étudier la cuisine japonaise à Kyoto.
dix : Isabelle ne rentrera pas en France pendant les vacances d'hiver.

解説 Isabelle から Nicolas にあてて書かれた手紙の文章です。

(1) 「Isabelle は日本に 3ヵ月前に来た」。第 2 文では、Ça fait déjà deux mois que je suis arrivée au Japon.「私が日本に到着してからもう 2ヵ月になります」と言っていますので、内容に一致しません。なお、ça fait ~ que

... で「…してから〜になる」という意味になります。

(2)「今、Isabelle は東京に住んでいる」。第 3 文に、Maintenant, j'habite à Tokyo et j'étudie le japonais.「今、私は東京に住んでいて、日本語を勉強しています」とありますので、内容に一致します。

(3)「Isabelle は土曜と日曜を除いて毎日 4 つ授業がある」。第 4 文で、Tous les jours sauf les samedis et les dimanches, j'ai trois cours de deux heures.「土曜と日曜を除いて毎日、2 時間の授業が 3 つあります」と述べられています。曜日は合っていますが、授業の数が合っていません。したがって内容に一致しません。

(4)「Isabelle には、しなければならない宿題はけっしてない」。第 5 文で、En plus, il y a beaucoup de devoirs.「そのうえ、たくさん宿題があります」と述べられていますので、内容に一致しません。

(5)「Isabelle は日本語があまり上達しなかった」。第 1 段落の最後の文に、Mais grâce à ce programme, j'ai fait de grands progrès en japonais.「でもこのプログラムのおかげで、日本語がとても上達しました」とありますので、内容に一致しません。

(6)「Isabelle のクラスにはたくさんフランス人学生がいる」。第 2 段落第 1 文に、La plupart de mes camarades sont chinois et coréens, et il n'y a qu'une Française dans la classe.「私の同級生のほとんどが中国人と韓国人で、クラスにはフランス人がひとりしかいません」とあります。「ひとりしかいない」を「たくさんいる」と取ることは不可能ですので、内容に一致しません。

(7)「Isabelle の同級生は彼女にとても優しい」です。第 2 段落第 2 文に、Ils sont tous très gentils et ils sont tout de suite devenus mes amis.「彼らはみんなとても優しくて、すぐ友だちになりました」とあります。したがって、内容に一致します。

(8)「Isabelle は東京に 3ヵ月滞在したのちに京都へ発つつもりだ」です。第 3 段落第 1 文に、Après trois mois de séjour à Tokyo, j'irai habiter à Kyoto.「東京に 3ヵ月滞在のあと、京都に行って住むことになります」とあります。

したがって、内容に一致します。

(9) 「Isabelle は京都で日本料理を学ぶつもりだ」です。第 3 段落第 2 文に、Là-bas, je pense étudier la cuisine japonaise.「そこで、私は日本料理を学ぼうと思っています」とありますので、内容に一致します。

(10) 「Isabelle は冬の休暇中フランスにはもどらないだろう」です。第 4 段落第 1 文に、Je rentrerai en France pendant les vacances d'hiver.「私は冬の休暇中フランスに帰るでしょう」とありますので、内容に一致しません。(4) と同様、問題文 (10) は否定文です。問われているのはあくまで内容に一致するかどうかですので、肯定／否定と一致／不一致を混同しないよう気をつけましょう。2 択の正誤問題ですので、たまたまあたることもありますが、それでは真の実力とは言えません。

解答 (1) ② (2) ① (3) ② (4) ② (5) ②
(6) ② (7) ① (8) ① (9) ① (10) ②

2 次試験

２次試験の概要

準２級以上の級では、筆記試験と書き取り試験および聞き取り試験で構成されている１次試験の合格者は、２次試験に進みます。ここでよく理解しておかなければならないことは、最終合否判定の方式です。最終合否判定は、１次試験の成績と２次試験の成績とを合算した総合評価でおこなわれるものではありません。１次試験の成績と２次試験の成績とは別物です。最終合否判定は２次試験の成績のみでおこなわれ、１次試験の成績はなんの影響もあたえません。極端な例をあげれば、１次試験の成績がどれほどよくても、２次試験の成績が合格基準点に１点足りなければ、最終判定は不合格となります。しかし実際には、１次試験の成績が優秀であるのに２次試験で落ちるということはまずありません。筆記試験と書き取り試験および聞き取り試験の成績と口頭試験の成績は、やはり無関係ではなく、１次試験を高得点で合格した受験者が落ちるような２次試験はこれまで実施されていません。

さて、２次試験は、個人面接方式の口頭試験です。試験時間は約５分です。２次試験における注意事項と試験の進行は、２次試験受験票の裏面にある「受験者心得」に記載されていますので、試験前にしっかり頭に入れておきましょう。

２次試験は、まず、35語程度のフランス語の文章を音読します。次に、その音読した文章およびイラストについての質問に答えます。音読する文章は、ある日常的な事柄について述べたものです。イラストはその事柄に関連した場面を描いたものです。ただし、イラストは音読した文章に書かれていた内容をそのまま忠実に絵にしたものではありません。

試験室に入ると、日本語で受験者の本人確認がなされたあと、音読するフランス語の文章とイラストが印刷されたカードが渡されます。１分間時間があたえられるので、フランス語の文章を黙読し、イラストにも目を通しておきます。このときの指示も日本語でなされます。

音読するフランス語の文章は、平易なフランス語文なので、難解な語や発音の見当がつかない語はないはずです。リズム、イントネーション、リエゾン、エリジヨン、アンシェヌマンに気をつけて、正確になめらかに読みましょう。急いで読む必要はありません。時間は十分あります。面接委員に対して、自分は正確にきちんと読めることを示すのですから、大きな声ではっきり読みましょう。多少不安でも、思い切って堂々と読むほうが、同じ腕前でもじょうずに聞こえます。

質問は全部で 5 つあります。最初の 2 つは音読した文章の内容についての質問です。たいていの場合、手元にあるカードに印刷された文章のどこかがそのまま答えになります。質問がきちんと聞き取れさえすれば、答えるべき箇所をみつけるのは容易です。つづく 3 つの質問は、イラストに関するものです。質問は、Oui または Non のひと言で完結してしまうものが出題されたことはありません。Qu'est-ce qu'il y a ... ?、Qu'est-ce qu'il (elle) a ... ?、Qu'est-ce qu'il (elle) porte ... ?、Qu'est-ce qu'il (elle) fait ?、Combien de ... y a-t-il ... ?、Quelle heure est-il ?、Quel temps fait-il ? などが定番です。イラストに描かれているものをフランス語で言い表わすわけですが、まずは性・数に注意しましょう。主語や目的語を代名詞にするなどの処理も適宜必要になります。

試験である以上、採点には明確な基準があり、それに相応して答え方にもいくつかポイントがあります。試験にのぞむ受験者は、面接委員の質問を正確に理解し、質問に対する適切な答えを、文法・発音ともに正しいフランス語文で表現できることを示さなければなりません。面接委員に明瞭に聞こえる声量で、よどみなく答えることも重要なポイントです。実際の会話では、ひと言、単語や最小限の語句を言えば話はつながりますが、試験ではそのような省略した言い方ではなく、主語と動詞がそろった完全な文で答えることが求められます。「通じればいい」式の応答は、試験室では評価されません。また、くだけた調子で、いわゆるブロークンなフランス語をしゃべるのは、試験室では厳禁です。自分の知識が広いことを披露しようとして、不必要に多くのことを言ったり、音読した文章とはちがった表現をするのもつつしんだほうがよいでしょう。冒険をしたり、余計なことを付け足したりすると、それだけ失点の危険性が増します。いくらたくさんしゃべっても、配点以上の点数は獲得できません。

試験の配点は、音読が 10 点、5 つの質問が、各問 4 点で計 20 点、総計 30 点です。

準２級　２次試験　受験者心得

注意事項

1. 試験は、１人の面接委員と１人の受験者との対話形式による口頭試験です。
2. 試験室入室時に、Bonjour など挨拶することは差し支えありませんが、握手は不要です。
3. 試験室入室後はメモをとったり、辞書を使用することはできません。
4. 受験者確認と試験の説明は日本語でおこないます。これらは採点の対象にはなりません。
5. 試験が終了して試験室から退出したら、控え室にもどったり、待機中のほかの受験者と話したりしないでください。
6. 試験を録音することはできません。

試験の進行

1. **待　機**：係員の指示にしたがって、控え室から試験室前の待機席へ移動してください。(控え室へもどることはできませんので、荷物などをもって移動してください。)
2. **入　室**：係員の指示にしたがって、速やかに試験室にお入りください。(ノックをして応答を待つ必要はありません。)
3. **着　席**：面接委員の日本語の指示にしたがい、着席してください。
4. **本人確認**：面接委員が日本語であなたの受験級と氏名を確認しますから、日本語で答えてください。
5. **試　験**：試験は以下の順に進行します。
   ⑴ 面接委員が受験者に問題カード（フランス語の文章とイラストが印刷されたカード１枚）を手渡します。
   ⑵ カードに印刷されたフランス語の文章を黙読して、イラストに目を通しておいてください。時間は１分間です。
   ⑶ 面接委員の指示にしたがい、カードに印刷されたフランス語の文章を音読してください。
   ⑷ 音読終了後、フランス語の質問（**Question**）を５つします。フランス語で答えてください。質問開始以降会話はすべて

フランス語でおこなわれます。試験終了まで日本語は使用できません。

＊**Question 1** と **Question 2** は音読したフランス語の文章に関するものです。(問題カードを見てもかまいません。)

＊**Question 3**、**Question 4**、**Question 5** はイラストについてのものです。問題カードのイラストを見て答えてください。

＊各 **Question** は2度繰り返します。答える時間は、ひとつの **Question** につき10秒ずつです。

6. **試験終了・退出**：面接委員が「これで試験を終わります。退室してけっこうです。」といったら、問題カードを面接委員に返して、自分の持ち物をもって速やかに退出してください。

練習問題１

2014年度春季実用フランス語技能検定試験　準2級2次試験

問題カードA

音読する文章　㊱

En été, au Japon, il fait très chaud et humide. Alors, les Japonais aiment bien boire de la bière très fraîche. Beaucoup de gens vont prendre un verre avec leurs collègues après le travail.

問題カードA

質　問 ㊲

Question 1 : Pourquoi les Japonais aiment bien boire de la bière très fraîche en été ?

Question 2 : Quand est-ce que beaucoup de gens vont prendre un verre avec leurs collègues ?

Question 3 : La femme à gauche, qu'est-ce qu'elle a à la main ?

Question 4 : Quelle heure est-il ?

Question 5 : L'homme sur la scène, qu'est-ce qu'il fait ?

音　読

解 説 日本の夏はひじょうに蒸し暑いので、仕事帰りに同僚と冷えたビールを飲みにいく人が多い、という内容です。

第 1 文の En été のところでは、かならずリエゾンします。これに対し et humide のところはリエゾンしません。et は、次の語が母音あるいは無音の h で始まっていても、リエゾンしてはいけない語です。第 2 文の Japonais aiment のところも、人称代名詞ではない名詞の主語と動詞の間なので、リエゾンしてはいけません。第 3 文の collègues après のところは、リエゾンしてもしなくてもかまいません。

質問に対する答え

解 説

Question 1 : Pourquoi les Japonais aiment bien boire de la bière très fraîche en été ?「なぜ日本人はよく冷えたビールを夏に飲むのが好きなのですか」という質問です。第 1 文を使って答えますが、Pourquoi で聞かれているので、Parce que を忘れずに付けましょう。Parce qu'il fait très chaud et humide.「なぜならとても暑くて蒸しているからです」が正解です。en‿été

や au Japon はあってもなくてもかまいません。

Question 2：Quand est-ce que beaucoup de gens vont prendre un verre avec leurs collègues ?「多くの人たちは、いつ、同僚と一杯飲みにいきますか」と聞いています。これは第 3 文の主語を代名詞にして答えます。Ils vont prendre un verre après le travail.「彼らは仕事のあと一杯飲みにいきます」が正解です。avec leurs collègues はあってもなくてもかまいません。en‿été の部分を答えた受験者もいましたが、「同僚といっしょに飲みにいくのはいつか」という質問なので、正解にはなりません。

イラストについての質問

Question 3：La femme à gauche, qu'est-ce qu'elle a à la main ?「左にいる女性は手に何をもっていますか」という質問です。イラストの左のほうを見ると、女性が皿を手にしていますから、答えは、Elle a une assiette. となります。動詞は a のかわりに porte あるいは tient でもかまいません。また、「皿」は、une assiette のかわりに un plat でも正解としました。à la main はあってもなくてもかまいません。ただし、Une assiette. や Un plat. とだけ答えるのはやめましょう。日常会話ではそれで通じるとしても、これは検定試験ですので、あくまで正確な文で答えなければなりません。

Question 4：Quelle heure est-il ?「何時ですか」。これは定番の質問です。時計は 6 時を指していますから、答えは、Il est six‿heures. となります。du soir は付けても付けなくてもかまいませんが、six‿heures のリエゾンは忘れてはなりません。six‿heures のかわりに dix-huit heures と答えても正解です。

Question 5：L'homme sur la scène, qu'est-ce qu'il fait ?「舞台上の男性は何をしていますか」。イラストの右上のほうで、男性が両手をひろげて歌っていますから、Il chante. が正解です。これに une chanson を付けても付けなくてもかまいません。このほか、解答例のようにいくつかの言い方が可能です。

解答例 （　）内は省略可。[/] は、/ の左右どちらでも可。×はリエゾン不可。

Question 1：Parce qu'il fait très chaud et× humide (en‿été) (au Japon).

Question 2：Ils vont prendre un verre (avec leurs collègues) après le travail.

Question 3：Elle [a / porte / tient×] [une assiette / un plat] (à la main).

Question 4：Il est [six‿heures (du soir) / dix-huit heures].

Question 5：Il chante (une chanson). / Il [fait / donne] [un / le / son] concert.

練習問題 2

2015年度春季実用フランス語技能検定試験　準2級2次試験

問題カードA

音読する文章 ㊳

Chaque week-end, Léon va chez ses grands-parents. Il y a une belle forêt derrière leur maison, et Léon aime y aller pour se promener le matin. Souvent, il voit des oiseaux dans les arbres.

問題カードA

質　問 ㊴

Question 1 : Chaque week-end, Léon va chez qui ?

Question 2 : Souvent, qu'est-ce que Léon voit dans les arbres ?

Question 3 : Le garçon à gauche, il joue de quoi ?

Question 4 : La dame à droite, qu'est-ce qu'elle a à la main ?

Question 5 : Quelle heure est-il ?

音　読

解 説 毎週末、Léon は祖父母の家に行き、朝は家のうしろにある美しい森で散歩をするのが好きであるという内容です。

第 3 文の des‿oiseaux と les‿arbres のところでは、かならずリエゾンします。これに対し、第 2 文の Léon aime のところは、人称代名詞ではない名詞の主語と動詞の間なので、リエゾンしてはいけません。第 2 文の Il y のところはアンシェヌマンしてください。とくに il y a については、ひとつひとつ区切らずに、それでひとまとまりにして発音するとフランス語らしく聞こえます。

質問に対する答え

解 説

Question 1 : Chaque week-end, Léon va chez qui ?「毎週末、Léon は誰の家に行きますか」という質問です。第 1 文を使って答えます。Il va chez ses grands-parents.「彼は祖父母の家に行く」が正解です。Chaque week-end はあってもなくてもかまいません。

Question 2 : Souvent, qu'est-ce que Léon voit dans les arbres ?「しばしば、Léon は木々のなかに何を見ますか」と聞いています。これは第 3 文を使って答えます。Il voit des‿oiseaux.「彼は鳥を

見る」が正解です。Souvent および dans les‿arbres はあってもなくてもかまいません。

イラストについての質問

Question 3：Le garçon à gauche, il joue de quoi ?「左にいる少年は何をひいていますか」という質問です。イラストの左のほうを見ると、少年がギターを手にしていますから、答えは、Il joue de la guitare. となります。*Il joue la guitare.* というようにdeのない答えがめだちました。質問文でil joue <u>de</u> quoi ?と言っているわけですから、きちんと聞き取って正確に答えましょう。〈jouer de ＋楽器〉で「～をひく、演奏する」という意味になります。〈jouer à ＋ゲーム・スポーツ〉と合わせて覚えておきましょう。いずれも定冠詞が必要です。

Question 4：La dame à droite, qu'est-ce qu'elle a à la main ?「右にいる婦人は、何を手にしていますか」と聞いています。イラストの右のほうを見ると、女性がバゲットをもっていますから、答えは、Elle a une baguette. になります。動詞は a のかわりに porte あるいは tient でもかまいません。une baguette のかわりに un pain でもかまいません。à la main はあってもなくてもかまいません。

Question 5：Quelle heure est-il ?「何時ですか」。これは定番の質問です。時計は 11 時を指していますから、答えは、Il est onze heures. となります。du matin または du soir は付けても付けなくてもかまいません。est onze のところはリエゾンしてはいけません。onze heures のかわりに、vingt-trois‿heures と答えても正解です。その場合は、リエゾンを忘れないようにしましょう。

解答例　（　）内は省略可。[/] は、/ の左右どちらでも可。×はリエゾン不可。

Question 1：(Chaque week-end,) il va chez ses grands-parents.

Question 2：(Souvent,) il voit des‿oiseaux (dans les‿arbres).
(Souvent,) il y voit des‿oiseaux.

Question 3 : Il joue de la guitare.
Question 4 : Elle [a / porte / tient×] [une baguette / un pain] (à la main).
Question 5 : Il est [×onze heures (du matin / du soir) / vingt-trois‿heures].

練習問題 3

2016年度秋季実用フランス語技能検定試験　準2級2次試験

問題カードA

音読する文章　㊵

Il y a deux ans, Marine a ouvert une boulangerie près de la gare. Tous ses pains sont très bons, alors le magasin est toujours plein de monde. Elle est occupée mais elle a l'air très heureuse.

問題カードA

質　問 ㊶

Question 1 : Quand est-ce que Marine a ouvert sa boulangerie ?

Question 2 : Pourquoi le magasin de Marine est plein de monde ?

Question 3 : Le garçon à droite, qu'est-ce qu'il a à la main ?

Question 4 : Qu'est-ce qu'il y a près de l'entrée du magasin ?

Question 5 : Quelle heure est-il ?

音　読

解 説 2 年前、Marine は駅前にパン屋さんを開きます。彼女のパンはおいしいので、お客が多く忙しいですが、彼女は満足している、という内容です。

第 1 文の deux‿ans はかならずリエゾンしますが、同文中の ouvert une と第 2 文の magasin est はリエゾンしません。一方、第 3 文の est occupée、mais elle、très heureuse はしてもしなくてもけっこうです。第 1 文の Il y、第 3 文の Elle est、elle a はアンシェヌマンしてください。

質問に対する答え

解 説

Question 1 : Quand est-ce que Marine a ouvert sa boulangerie ?「Marine はいつパン屋を開きましたか」という質問です。第 1 文を使い、Marine という固有名詞を代名詞 elle に置きかえて答えます。Elle a ouvert sa boutique il y a deux‿ans.「彼女は 2 年前にパン屋を開きました」が正解です。sa boutique を代名詞に置きかえることも可能ですが、その場合は代名詞の直接目的補語が複合過去の過去分詞と性・数一致しますので、Elle l'a ouvert<u>e</u> il y a deux ans. と女性形の e がつき、それにともなって語末子音だった ouvert の t が発音されるようになります。l'a は la と a がエリジオンしたものですので、この場合は *Elle a* と取られないように、Elle と l'a の間でほんの少しだけ区切るようにして発音するとよいでしょう。

Question 2：Pourquoi le magasin de Marine est plein de monde ?「なぜ Marine の店は人でいっぱいなのですか」と聞いています。これは第２文を使って答えます。Parce que (tous) ses pains sont (très) bons.「なぜなら彼女のパンはおいしいから」が正解です。(très) bons のかわりに délicieux や exquis などでもかまいません。ただし、délicieux や exquis はそれだけで「とてもおいしい」を表わすため、ふつう *très délicieux*、*très exquis* とは言いません。

イラストについての質問

Question 3：Le garçon à droite, qu'est-ce qu'il a à la main ?「右の少年は、手に何をもっていますか」という質問です。イラストを見ると、画面右側に傘をもった少年が立っていますから、答えは、Il a un parapluie.「傘をもっています」となります。parapluie という単語が出てこなかったためか、英語の *umbrella* で答えてしまう人が少なからずいました。Il a のかわりに別の動詞を使って Il tient や Il porte でも可です。

Question 4：Qu'est-ce qu'il y a près de l'entrée du magasin ?「店の入り口の近くに何がありますか」と聞いています。イラストを見ると、入り口に自転車が置いてあります。答えは、Il y a un vélo. あるいは Il y a une bicyclette.「自転車が１台あります」となります。男性名詞 vélo、女性名詞 bicyclette どちらで答えてもかまいませんが、*un* bicyclette などのように冠詞の性の誤りが見られましたので、気をつけてください。

Question 5：Quelle heure est-il ?「何時ですか」。イラスト左側の壁にかかっている時計は９時を指していますので、答えは Il est neuf heures. です。neuf‿heures はリエゾンして f の発音が [v] に変わりますので、気をつけましょう。

解答例 （　）内は省略可。[/] は、/ の左右どちらでも可。×はリエゾン不可。

Question 1：Elle a ouvert sa boutique il y a deux‿ans.
Elle l'a ouverte il y a deux‿ans.

Question 2：Parce que (tous) ses pains sont [(très) bons / délicieux / exquis].

Question 3：Il [a / porte / tient×] [un / son] parapluie (à la main).

Question 4：Il y a [un vélo / une bicyclette] (près de l'entrée du magasin).

Question 5：Il est neuf‿heures.

練習問題4

2017年度秋季実用フランス語技能検定試験　準2級2次試験

問題カードB

音読する文章　㊷

Juliette fait très souvent ses courses au marché. En général, elle y va dans la matinée, pour acheter des légumes tout frais. Aujourd’hui, elle a rencontré par hasard une de ses vieilles amies devant la boucherie du marché.

問題カードB

質 問 ㊸

Question 1 : En général, quand est-ce que Juliette va au marché ?

Question 2 : Aujourd'hui, où est-ce que Juliette a rencontré une de ses vieilles amies dans le marché ?

Question 3 : La femme à gauche, qu'est-ce qu'elle a acheté ?

Question 4 : Chez le boulanger, combien de croissants y a-t-il ?

Question 5 : Quel temps fait-il ?

音 読

解 説 文章の内容は、おおむね次のとおりです。「ジュリエットはしょっちゅう市場で買い物をします。彼女はたいてい、とても新鮮な野菜を買うために、そこへ午前中に行きます。きょう、市場の肉屋の前で、彼女はたまたま旧友のひとりと出会いました」。

第 3 文の vieilles‿amies はかならずリエゾンしますが、第 1 文の courses au はリエゾンしてはいけません。また、第 2 文の elle y、第 3 文の elle a はアンシェヌマンしてください。

質問に対する答え

解 説

Question 1 : En général, quand est-ce que Juliette va au marché ?「ジュリエットはたいてい、市場にいつ出かけますか」第 2 文の前半を使って、Elle y va dans la matinée. と答えれば正解です。y は中性代名詞で、au marché を指します。中性代名詞にせず、そのまま、Elle va au marché dans la matinée. と答えてもかまいません。また、dans la matinée のかわりに le matin としても正解です。

Question 2：Aujourd'hui, où est-ce que Juliette a rencontré une de ses vieilles amies dans le marché ?「きょう、ジュリエットは旧友のひとりと、市場のどこで出会いましたか」という質問です。第３文を手がかりにして、Elle l'a rencontrée devant la boucherie (du marché). が正解となります。代名詞の l' は une de ses vieilles amies をうけていますので、そのように言いかえた文 Elle a rencontré une de ses vieilles amies devant la boucherie (du marché). も正解ですが、その場合、vieilles‿amies はかならずリエゾンしてください。Elle *a rencontré* devant la boucherie (du marché). と、l' を忘れて Elle と a の間でアンシェヌマンをする形で答えた人が散見しました。実際の発音には現れませんが、l' はもともと直接目的補語の la なので、複合過去形の場合、過去分詞と性・数一致し、l'a rencontrée となります。相手にこの直接目的補語がきちんと聞こえるように、Elle と l'a の間を少しあけて発音するとよいでしょう。なお、une de ses vieilles amies のかわりに、une amie, une vieille amie, son amie, sa vieille amie としても可としました。

イラストについての質問

Question 3：La femme à gauche, qu'est-ce qu'elle a acheté ?「左側の女性は何を買いましたか」という質問です。イラストを見ますと、画面左端の女性はリンゴの入った買い物かごをもっていますので、Elle a acheté des pommes.「彼女はリンゴを買いました」が正解です。des pommes のかわりに trois pommes「3 つのリンゴ」、des fruits「くだもの」、trois fruits「3 つのくだもの」としても可としました。質問の la femme à gauche を、左端の女性と話している女性のことと勘ちがいしてしまったためか、Elle a acheté *deux baguettes*. と答えた人が少なからずいました。

Question 4：Chez le boulanger, combien de croissants y a-t-il ?「パン屋にはクロワッサンがいくつありますか」という質問です。イラストを見ますと、パン屋のスタンドには４つのクロワッサンが並んでいます。よって、Il y en a quatre.「4つあります」が正解です。en‿aの箇所はかならずリエゾンしてください。中性代名詞enを使わずに、Il y a quatre croissants. と答えても正解です。ただし、*Il y en* a quatre *croissants.* のように、中性代名詞と元の名詞を併用するのは誤りです。逆に、両方落とした *Il y a quatre.* もやはり誤りです。croissantをbaguette「バゲット」ととりちがえたためか、Il y en a *deux* と答える人もいました。

Question 5：Quel temps fait-il ?「どのような天気ですか」という質問です。イラスト左側の上部に太陽が出ていますので、Il fait beau.「いい天気です」が正解です。Il y a du soleil. やIl fait (du) soleil. も可です。これをQuelle heure est-il ? という「時刻」を尋ねる質問と混同して、*Il est dix heures et demie.* と答える受験者が続出しました。たしかにtempsには「時間」と「天候」という大きく2つの意味がありますが、「天候」を尋ねるQuel temps fait-il ? はごく基本的な質問ですので、まちがわないように心がけましょう。

解答例 （　）内は省略可。[/] は、/ の左右どちらでも可。

Question 1：(En général,) elle y va [dans la matinée / le matin].
(En général,) elle va au marché [dans la matinée / le matin].

Question 2：Elle l'a rencontrée devant la boucherie (du marché).
Elle a rencontré une de ses vieilles‿amies* devant la boucherie (du marché).
*une de ses vieilles‿amies は une amie, une vieille amie, son‿amie, sa vieille amie でも可。

Question 3：Elle a acheté [des pommes / trois pommes / des fruits / trois fruits].

Question 4：Il y en‿a quatre (chez le boulanger).
Il y a quatre croissants (chez le boulanger).

Question 5：Il fait beau (temps). / Il y a du soleil. / Il fait (du) soleil.

練習問題 5

2018年度秋季実用フランス語技能検定試験　準2級2次試験

問題カードA

音読する文章 ㊹

Julien habite à Nice depuis deux ans. L'autre jour, une de ses amies lui a dit qu'elle viendrait le voir pendant les vacances d'hiver. Il compte l'emmener dans les vieux quartiers de la ville.

問題カードA

質　問 ㊺

Question 1：Julien habite à Nice depuis combien de temps ?

Question 2：Où est-ce que Julien compte emmener son amie ?

Question 3：La femme à gauche, qu'est-ce qu'elle porte dans ses bras ?

Question 4：Combien de personnes y a-t-il ?

Question 5：Quel temps fait-il ?

音　読

解説 2 年前からニースに住んでいる Julien が、先日友人から冬休みに Julien に会いにやってくるとの連絡をもらいました。Julien はその友人を旧市街に連れていくつもりである、という内容です。第 1 文の deux‿ans はかならずリエゾンしますが、文頭の Julien habite はリエゾンしません。また第 2 文の ses‿amies はかならずリエゾンします。さらに第 3 文の compte の p は発音しませんので、注意してください。

質問に対する答え

音読した文章についての質問

解説

Question 1：Julien habite à Nice depuis combien de temps ?「Julien はいつからニースに住んでいますか」という質問です。第 1 文を使い、Julien という固有名詞を代名詞 il に置きかえて答えます。Il habite à Nice depuis deux‿ans.「彼は 2 年前からニースに住んでいます」が正解です。à Nice を中性代名詞 y に置きかえることももちろん可能です。その場合は Il y habite depuis deux‿ans. となります。中性代名詞 y の位置に注意しましょう。

Question 2：Où est-ce que Julien compte emmener son amie ?「Julien はどこに友人を連れていくつもりですか」と聞いています。これは第３文がそのまま答えとなっていますから、Il compte l'emmener dans les vieux quartiers de la ville.「彼は友人を旧市街に連れていくつもりです」と答えます。人称代名詞 l' (= la) を用いずに son amie のままで答えてもかまいません。

イラストについての質問

Question 3：La femme à gauche, qu'est-ce qu'elle porte dans ses bras ?「左の女性は、腕に何をかかえていますか」という質問です。イラストを見ると、画面左側に猫をかかえた年配の女性がいますから、答えは Elle porte un chat.「猫をかかえています」となります。porte のかわりに a や tient でもかまいません。また、un chat のかわりに son chat でもかまいません。

Question 4：Combien de personnes y a-t-il ?「何人の人がいますか」。この画面には全部で５人いますので、答えは Il y en‿a cinq. です。en‿a の箇所はかならずリエゾンします。なお中性代名詞 en を用いずに Il y a cinq personnes. としても問題ありません。ただし、*Il y en a cinq personnes*. のように中性代名詞と名詞の両方を入れてしまうと文法的に誤りとなります。

Question 5：Quel temps fait-il ?「どんな天気ですか」。画面を見ると雨が降っており、人物たちは傘をさしたり、レインコートを着たりしていますから、答えは Il pleut. です。pleut の発音 [plø] をまちがえて [ply] としてしまった人も多少いました。確認しておきましょう。ほかに Il fait mauvais (temps). や、Le temps est à la pluie. でもかまいません。

解答例　(　) 内は省略可。[/] は、/ の左右どちらでも可。ₓはリエゾン不可。

Question 1：Il [y habite / habite à Nice] depuis deux‿ans.

Question 2：Il compte [l'emmener / emmener son‿amie] dans les vieux quartiers (de [la ville (de Nice) / Nice]).

Question 3：Elle [porte / a / tient×] [un / son] chat (dans ses bras).
Question 4：Il y en‿a cinq. / Il y a cinq personnes.
Question 5：Il pleut. / Il fait mauvais (temps). / Le temps est à la pluie.

文部科学省後援
実用フランス語技能検定試験
仏検公式ガイドブック
セレクション準2級
（CD付）

定価2,420円（本体2,200円＋税10%）

2020年9月1日 初版発行
2022年4月20日 2刷発行

編　者
発行者　公益財団法人　フランス語教育振興協会

発行所　公益財団法人　**フランス語教育振興協会**
〒102-0073 東京都千代田区九段北 1-8-1 九段101ビル 6F
電話（03）3230-1603　FAX（03）3239-3157
https://apefdapf.org

発売所　（株）**駿河台出版社**
〒101-0062 東京都千代田区神田駿河台 3-7
振替口座 00190-3-56669番
電話（03）3291-1676（代）　FAX（03）3291-1675
http://www.e-surugadai.com

ISBN978-4-411-90297-9　C0085　￥2200E